# BIEN CHOISIR VOS
## COSMÉTIQUES

# *Guide pratique*

D1512972

Distribution : Messageries de presse Benjamin
101, rue Henry-Bessemer
Bois-des-Filion (Québec) J6Z 4S9
450 621-8167

# BIEN CHOISIR VOS COSMÉTIQUES

# *Guide pratique*

Mélany Rousseau

ÉDITIONS
LA SEMAINE

**LES ÉDITIONS LA SEMAINE**
2050, rue de Bleury, bureau 500
Montréal (Québec) H3A 2J5

Éditeur: Claude J. Charron
Directrice des éditions: Annie Tonneau
Coordonnatrice aux éditions: Françoise Bouchard
Directrice artistique: Lyne Préfontaine
Directeur des opérations: Réal Paiement
Superviseure de la production: Lisette Brodeur
Assistante de la production: Joanie Pellerin
Infographiste: Marylène Gingras
Scanneristes: Patrick Forgues, Éric Lépine
Réviseures-correctrices: Véronique Lamontagne, Luce Langlois,
Colombe Savard, Marie Théorêt
Illustrations: Béatrive Favereau
Photo de l'auteure: Gracieuseté ferlandphoto.com
**Propos recueillis, recherche et rédaction du manuscrit :
Brigitte McCann.**

Les propos contenus dans ce livre ne reflètent pas forcément
l'opinion de la maison d'édition.
Remerciements: Gouvernement du Québec - programme de
crédits d'impôts pour l'édition de livres - gestion SODEC

© Charron Éditeur Inc.
Dépôt légal: Deuxième trimestre 2009
Bibliothèque et Archives nationales du Québec
Bibliothèque et Archives Canada
ISBN: 978-2-923501-75-8

*À Namour et Ti-lou...*

# Introduction

Comme bien d'autres avant moi, j'ai eu, il y a quelque temps, le désir de faire quelque chose de bien autour de moi. Je n'ai pas eu à chercher bien loin. Pendant mes années de travail comme cosméticienne, j'ai tellement vu de femmes s'arracher les cheveux au rayon des cosmétiques en se demandant quoi acheter et combien payer! Je constate que plusieurs personnes ne connaissent pratiquement rien aux besoins de leur peau et que, par conséquent, elles achètent n'importe quelles petites crèmes, espérant une cure de jouvence. Et elles sont souvent déçues...

Je me suis donc donné ce défi: faire un livre pour aider les femmes (et les hommes aussi!) à trouver facilement les outils de beauté qui leur conviennent.

Ce petit guide en est le résultat. Il a pour but de vous permettre de faire des choix éclairés pour vos soins de beauté quotidiens et ponctuels sans vous ruiner. Vous remarquerez qu'aucune compagnie ou marque n'y est citée. Il n'est pas question ici de faire de la promotion ou de vanter les mérites d'une marque en particulier, mais plutôt de différencier les produits qui vous sont offerts, peu importe leur fabricant.

Je vous y donne aussi tous les trucs de beauté que je connais, petits et grands, en espérant vous aider à trouver ainsi le produit idéal pour votre type de peau.

# 1

*Soigner sa peau*

## Connaître votre peau est une étape importante

À eux seuls, les crèmes, les laits et les lotions pour la peau du visage offerts ont de quoi donner le tournis. S'y retrouver n'est pas évident. Sans compter leur prix. Mieux vaut ne pas se tromper de pot surtout quand il coûte 50$ pour 50 ml!

Avant de mettre les pieds dans un rayon de beauté conçu spécialement pour vous séduire, vous devez bien connaître votre peau. D'abord, son *type*. Ensuite, sa *condition* actuelle. Dans ce chapitre, je vous explique tout ça, pour vous guider dans les dédales de produits pour le visage.

## Pourquoi des soins de beauté?

Mais cela vaut-il la peine d'investir temps et argent pour son visage? C'est que la peau est une espèce de matelas qui perd de la fermeté avec le temps. Les soins servent à ralentir l'affaissement de ses « ressorts », c'est-à-dire les graisses fines logées sous la couche externe. Leur disparition graduelle engendre des pattes d'oies autour des yeux, des creux qui s'étirent de la bouche au nez, des plis sur le front, des

rides « de sourire »...

Les soins servent aussi à atténuer l'amincissement du revêtement du matelas cutané. L'épiderme perd de sa fermeté au fur et à mesure que ses réserves de collagène et d'élastine le laissent tomber... C'est le cas de le dire !

De plus, plus on vieillit, moins notre peau sécrète d'huiles protectrices. Là aussi, les soins viennent à la rescousse. Parce qu'une peau sèche vieillit pas mal plus vite et est plus vulnérable au froid, aux rayons UVA et aux autres agressions de l'environnement.

## Des ennemis à abattre

Les ennemis de la peau sont malheureusement impossibles à éviter, à moins de rester cloîtré chez soi. Et encore ! Les rayons UVA du soleil sont ses ennemis les plus dangereux. Ils provoquent le vieillissement prématuré de la peau ainsi que les fameuses taches de vieillesse que tant de femmes cherchent à dissimuler ou à faire disparaître à l'aide de crèmes coûteuses. Du côté des hommes, c'est plutôt le rasage quotidien qui complique la vie de leur peau.

**LE SAVIEZ-VOUS ?**
Avec plus de 21 pieds de superficie, notre peau est le plus grand organe du corps humain. Ses millions de cellules se renouvellent continuellement. Il leur faut de 28 à 40 jours pour changer du tout au tout, ce qu'elles feront tout au long de notre vie.

11

# Les types de peau

«J'ai vu cette crème à la télévision. L'avez-vous ici?» Cette question, je l'entends chaque semaine là où je travaille. Mais bien souvent, le type de peau de la cliente n'a rien à y voir! Il n'est pas rare qu'en raison d'une publicité, une femme de 25 ans me demande une crème anti-âge conçue pour des femmes qui ont deux fois son âge! Elle n'en aura pas besoin avant plusieurs années!

Acheter un produit sans connaître son type de peau, c'est un peu comme prendre la route sans savoir où l'on s'en va: vous allez perdre temps et argent! Tout commence par la connaissance de votre type de peau, qui ne changera pas vraiment au cours de votre vie.

**?**

### LE SAVIEZ-VOUS?

Comme la peau normale n'a aucune particularité, optez pour des soins où il est indiqué: pour tout type de peau ou pour peau normale. La peau a toujours besoin d'hydratation en raison des variations de température.

## Pour le savoir, regardez-vous de près dans votre miroir. Si votre peau est...

• Luisante à la grandeur du visage et très luisante dans la région du front, du nez et du menton. Si votre visage est sujet à l'acné et que le maquillage ne tient que quelques heures, c'est que vous avez une peau **grasse**.

- Très peu luisante et donc peu huileuse, qu'elle a l'aspect tendu et qu'elle est mince et rosée, c'est que vous avez une peau **sèche**.
- Luisante dans la région du front, du nez et du menton, que ses pores (minuscules cratères) sont assez dilatés pour que vous les voyiez à l'œil nu autour du nez, et que sa couleur est uniforme et neutre sur tout le visage, c'est que vous avez une peau **mixte**.

## • *La peau grasse*

Le premier besoin d'une peau grasse, c'est d'en resserrer les pores trop dilatés et de régulariser l'excédent de sébum. Ces minuscules cratères sont de véritables ramasse-poussières. Plus ils sont ouverts, plus ils sécrètent de l'huile, donnant ainsi au visage un aspect luisant, et plus les impuretés s'y entassent, provoquant la poussée d'infâmes points blancs ou noirs.

Si c'est votre cas, votre peau est grasse. Tenez-vous loin des crèmes onctueuses qui vont engorger les pores de votre peau. Optez plutôt pour des fluides plus légers. Sur les étiquettes, cherchez des

**LE SAVIEZ-VOUS ?**

Notre peau s'oxyde, un peu comme un morceau de pomme laissé à l'air libre. Tout comme le jus de citron empêchera une pomme de brunir, les antioxydants contenus dans la plupart des soins pour la peau la protégeront. Les oxydants sont la cause des rides creuses.

termes comme ceux-ci: soins anti-imperfection, régulateur de sébum, soins « matifiant » et « anti-pores dilatés », etc. Et suivez les instructions d'application. Les soins hydratants devraient être à base d'eau et non d'huile, puisqu'il ne vous en manque pas.

Pour les traitements chocs, regardez du côté des sérums dits « matifiants » ou « anti-pores dilatés ». Ces sérums sont la plupart du temps vendus en contenants de 30 ml. On peut les utiliser ponctuellement, lorsque le besoin se fait sentir. Ils coûtent un peu plus cher, mais ils diminueront la sécrétion du sébum et lisseront votre peau en refermant ses pores.

## L'argile : alliée des peaux grasses

Contrairement à la croyance populaire, les masques à l'argile grise ou verdâtre ne sont pas faits pour tous les types de peau. Une personne à la peau sèche et déshydratée devrait s'en tenir loin : l'argile empirera la déshydratation de son épiderme, l'asséchant encore plus. J'ai pourtant des clientes à la peau sèche qui, à 50 ou 60 ans, ne jurent que par des masques qu'utilisait leur mère. Erreur.

Mais pour les peaux grasses, l'argile est parfaite. On peut enlever le masque à peine 15 minutes après l'avoir étendu. En séchant, l'argile aura siphonné le surplus de gras, aspirant au passage toutes les impuretés des pores, qui se resserreront. Enlevez ce masque avec de l'eau tiède pour plus de facilité.

## Les points blancs

Ils sont laids et relativement dégoûtants. Qui a oublié les édifiantes sessions devant le miroir du Ver de terre dans *Cruising Bar*? Les points blancs sur notre visage ont le don de provoquer de mini catastrophes en apparaissant aux plus mauvais moments. On a juste le goût de faire disparaître ces insolents à tête blanche le plus cruellement possible, à l'aide de vigoureux coups d'ongles vengeurs. Malheureusement, le crime laisse sur notre peau de vilaines traces qui ne disparaissent pas de sitôt. Certains dos ou visage anciennement acnéiques en sont encore criblés.

Dans des conditions idéales, le visage ne restera pas marqué de vilaines cicatrices. La meilleure façon de se débarrasser de points blancs requerra quelques minutes de votre temps. Faites couler de l'eau très chaude dans un lavabo. Couvrez-vous la tête d'une serviette (en parapluie) et placez-la au-dessus du lavabo pendant deux ou trois minutes. Si vous êtes trop pressée, ou que vous êtes au travail, par exemple, appliquez une compresse d'eau chaude sur la zone à problème. Ce procédé ouvrira les pores de votre peau, ce qui facilitera l'opération. Par la suite, une pression légère de chaque côté du bouton devrait suffire à lui faire... la peau! Surtout, n'utilisez pas vos ongles! Vous vous en féliciterez plus tard, quand votre bouton n'aura laissé aucune trace... que dans votre souvenir.

Avoir la peau grasse n'est pas toujours drôle. Mais elle offre tout de même un avantage majeur. C'est la peau qui garde le plus longtemps une apparence jeune! Alors que les peaux sèches, avec leur belle apparence, sont celles qui s'abîment ou se flétrissent le plus vite.

## VRAI OU FAUX?

• *La peau des personnes d'origine asiatique, africaine ou sud-américaine a des besoins différents.*

**FAUX** Les peaux, quelle que soit leur origine, sont toutes de l'un des trois types décrits dans ce chapitre. Seuls les fonds de teints changent en raison de la pigmentation différente de la peau.

• *Plus il contient d'alcool, plus mon soin anti-acné est efficace.*

**FAUX** Dans la guerre aux boutons, l'alcool est un traître. Sur le coup, les soins anti-acné à base d'alcool donnent une sensation de fraîcheur et de propreté sur la peau. Ça sent bon! Mais dans les faits, l'alcool **active** la sécrétion de sébum en la stimulant. Et le pire, c'est qu'il se vend des masses de produits à bon marché contre l'acné, avec un pourcentage élevé d'alcool malgré ses effets négatifs. Aussitôt que les gens arrêtent de les appliquer, ils se rendent compte que leur acné est plus forte encore qu'avant. Cherchez plutôt des soins sans alcool, à base d'ingrédients naturels. Oui, ils sont plus chers, mais pas mal plus efficaces à long terme!

## • *La peau sèche*

Vous l'aurez deviné, le but premier des soins quotidiens pour une peau sèche, c'est de l'hydrater et de la nourrir. Pour ce faire, choisissez des crèmes aux textures riches et onctueuses. Les soins hydratants devraient être composés majoritairement d'huile et d'ingrédients nourrissants à base d'huile. Sur les emballages ou les contenants, recherchez ce genre de termes : nourrissant, réhydratant, apaisant, confort, pour peau sèche (bien sûr!), etc., qui font un peu office de synonymes dans l'industrie du cosmétique. Ces soins feront disparaître les stries (très fins sillons) qui courent sur la peau sèche, pour la laisser plus lisse.

Soigner sa peau sèche est important, puisque c'est celle qui montrera le plus de signes de vieillissement, et plus rapidement aussi.

## **Pour des résultats immédiats**

Pour des résultats immédiats et de plus longue durée, utilisez des masques hydratants et nourrissants. Appliquez-en une fine couche avant de vous coucher et gardez le masque toute la nuit. Cela nourrira votre

peau vraiment en profondeur. Les masques de ce genre sont relativement économiques. Des marques haut de gamme en offrent de très bons dont le prix varie de 18 $ à 35 $ le contenant.

## Un produit à découvrir contre la déshydratation

Parce qu'elles sont très légères, les gouttelettes de sérum pénètrent la peau plus rapidement qu'une crème. Si, par exemple, nous comparons une crème pour la peau à du Nutella, la texture du sérum serait alors comparable à celle d'une crème laitière 10 %, soit beaucoup moins dense.

Les sérums à base d'eau sont d'un grand secours pour les peaux sèches quand elles ont besoin d'un coup de pouce supplémentaire. Un sérum hydratant vous coûtera entre 25 $ et 50 $. Appliquez-en une couche sur votre visage une minute avant de mettre votre crème de nuit ou de jour. Vous verrez la différence.

**TRUCS ET ASTUCES**

La bonne façon d'appliquer un produit, c'est de l'étendre du bout des doigts pour ensuite «tapoter» la peau. On l'aide ainsi à bien absorber le produit et on peut accentuer là où les ridules se font persistantes. Un massothérapeute manipulera les nerfs tendus jusqu'à ce qu'ils se détendent. Pour la peau, c'est un peu la même chose.

La peau sèche

## • *Règle générale, les crèmes pour le visage ne conviennent pas à la région des yeux.*

**VRAI** Vous avez peut-être déjà remarqué des femmes arborant de minuscules points blancs, gros comme une tête d'épingle, autour des yeux ? Ce sont des grains de milium. Chez les femmes d'âge mûr, ils sont causés par un excédent de gras qui ne vient pas de la peau, mais plutôt de l'accumulation de crèmes appliquées trop près des yeux au fil des années. Le pire, c'est que dans leur cas, les grains de milium sont là pour rester (seules les esthéticiennes, avec leurs aiguilles hypodermiques en viennent à bout). Quand vous vous crémez le visage, n'oubliez pas que la région des yeux et le dessous de l'œil requièrent des soins particuliers. Je les aborderai dans un autre chapitre.

## • *La peau mixte*

C'est la plus facile d'entretien. Comme votre visage compte une grande zone grasse au milieu d'une peau normale, vous avez le choix : soit vous utilisez uniquement des produits conçus pour les peaux mixtes, soit vous vous procurez également des soins pour peaux grasses que vous n'appliquerez que sur les parties huileuses de votre visage (front, nez et menton), pour ne pas assécher le reste de votre visage.

Votre « T » central bénéficiera des sérums et textures légères « matifiantes », des régulateurs de sébum et des masques d'argile pour peaux grasses, décrits précédemment. Sur le reste de votre visage, utilisez des gels crèmes pour peaux mixtes ou normales. Et préparez-vous à adapter vos soins aux saisons ! Comme la peau mixte est plus grasse en été et plus sèche en hiver, ses besoins sont aussi variables.

**?**

### *LE SAVIEZ-VOUS ?*

La glycérine, ou glycérol, est l'ingrédient le plus répandu en cosmétologie. Ce fluide huileux, incolore et légèrement sucré, issu d'une huile végétale, sert de diluant, d'émollient ou de lubrifiant aux divers soins du visage, du corps et même des cheveux ! Comme il est à même d'absorber l'humidité de l'air, il préserve les fonctions hydratantes des soins.

# Les conditions de la peau

Vous connaissez maintenant votre type de peau. C'est un bon point de départ. Vous devez aussi tenir compte de la *condition* de votre peau avant de faire un achat. Certains produits sont conçus en fonction de caractéristiques précises.

## Si votre peau est...

- Couverte de peaux mortes, de flétrissures ou de fines stries, c'est qu'elle est **déshydratée** : elle manque d'eau et elle a soif! Vous aurez besoin de produits adaptés à votre type de peau et d'hydratation en profondeur.

- Rougeâtre, irritée, plus tachée qu'à l'habitude et qu'elle réagit vivement au vent ou à la friction, c'est qu'elle est **sensible**. Certaines marques offrent toute une gamme de produits pour peau sensible.

- Parsemée de point noirs ou blancs, c'est que votre peau est **acnéique**. Cherchez des produits pour peau dite « sujette à l'acné ».

- Momentanément couverte de petits boutons rouges qui chauffent, c'est que votre peau est **réactive**. Un aliment, le soleil et les allergies peuvent expliquer une éruption. Voyez aussi si cette réaction cutanée

ne serait pas causée par un nouvel ingrédient actif en contact avec votre peau (une nouvelle crème, par exemple). Si tel est le cas, ne vous en faites pas : ces effets sont temporaires pour la plupart.

## VRAI OU FAUX ?

### • *La peau sèche est la plus répandue en Amérique du Nord.*

**FAUX** Tout le monde a cette impression en raison des publicités de crèmes hydratantes qui inondent le marché. Mais dans les faits, les Québécois qui naissent avec une peau de type sèche sont beaucoup moins nombreux que ceux qui ont une peau dite normale à mixte, c'est-à-dire grasse dans la région du front, du nez et du menton. Oui, le chauffage intérieur l'hiver assèche notre peau, mais on oublie qu'on ne chauffe pas à longueur d'année !

### • *Notre peau a besoin des mêmes soins à l'année longue, en autant qu'ils soient de qualité.*

**FAUX** L'hydratation, l'apparence et la sensibilité de votre peau change au fil des saisons. Surtout ici, au Québec, où le mercure fait des bonds vertigineux ! Un

**TRUCS ET ASTUCES**

Si un nouveau produit pour la peau vous donne des symptômes indésirables comme de petits boutons rouges, ne le jetez pas tout de suite aux poubelles ! Utilisez-le un soir sur deux afin que votre peau s'y habitue, durant une semaine ou deux. Ensuite réutilisez-le normalement et tout devrait rentrer dans l'ordre. Si les symptômes s'aggravent, consultez un spécialiste.

voyage dans le Sud change aussi les besoins de la peau. Mieux vaut adapter ses soins aux saisons. Les soins hydratants qui sont parfaits l'hiver ne sont pas toujours idéals en été.

## • *Les crèmes de nuit bouchent les pores de la peau et l'empêchent de respirer.*

**FAUX** C'est une croyance qui vient du temps de nos grand-mères qui se mettaient des crèmes à base de gelée de pétrole la nuit. Ces crèmes étaient hyper grasses et bouchaient effectivement les pores de la peau. Oui, la peau a besoin de respirer dans la nuit pour s'oxygéner. Mais aujourd'hui, les ingrédients qu'utilisent les compagnies sont plus sophistiqués et les crèmes, plus légères. On peut donc passer la nuit le visage crémé, sans crainte. De plus, les bienfaits des soins se font davantage ressentir la nuit alors que nos cellules se régénèrent. Et ces crèmes sont souvent plus concentrées en ingrédients actifs.

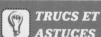

**TRUCS ET ASTUCES**

Parfois, on a les traits tirés (surtout un lendemain de veille). Dans le jargon, c'est ce qu'on appelle avoir le teint « brouillé ». Il existe des produits pour que votre visage soit le reflet de votre bonne forme (feinte ou réelle). Cherchez des soins ayant une de ces mentions : éclat, bonne mine, « défatigant », beauté éclair... et le tour est joué !

# $ QUESTION DE PRIX

Les clientes me demandent souvent ce que ça donne de payer plus cher pour un soin pour la peau. C'est une bonne question, mais il y en a de tous les prix.

D'abord, loin de moi l'idée de vous inciter à payer plus cher. Moi-même, je ne me tourne pas systématiquement vers les produits les plus coûteux. C'est à vous de déterminer vos besoins. Tout ce que je veux ici, c'est vous indiquer quelques règles générales qui expliquent les différences de prix.

Plus un soin coûte cher, plus sa concentration d'ingrédients actifs est élevée. Il sera donc efficace plus rapidement et vous en aurez besoin d'une moins grande quantité pour obtenir des résultats qui seront souvent plus durables.

La présence d'un pourcentage élevé d'ingrédients naturels, plus doux pour la peau, est un autre élément. Aujourd'hui, un fabricant peut justifier le prix d'un pot de crème à 100$ avec ce seul argument.

La plupart des compagnies offrent des ingrédients naturels dans leurs produits: eau de source thermale, plancton, plantes de toutes sortes, huiles d'oméga-3, et j'en passe. Chaque fabricant a ses ingrédients naturels, qu'il cultive parfois lui-même dans ses propres installations. Pour justifier leurs prix, certains diront simplement que les ingrédients naturels coûtent plus chers à produire que les ingrédients chimiques.

Finalement, l'expertise et le nom d'une compagnie peuvent peser dans la balance, côté prix.

Ce qui est le plus imporant, c'est de trouver le produit qui convient le mieux à votre type de peau.

## *Et les jeunes?*

Les jeunes qui travaillent de plus en plus ne mettent pas tout leur argent dans des jeux vidéos! À la rentrée des classes, des jeunes de 16, 17 ou 18 ans se présentent pour acheter des soins anti-acné à... 40 $ ou 50 $ le pot! Ils se procurent sans hésiter du très haut de gamme pour être bien certains de ne rien avoir d'un « champ de fraises », comme ils disent.

Vicky pensait que ça ne lui donnait rien de s'acheter une crème de nuit. « Moi, je vais juste m'acheter un pot de crème de jour et je vais m'en mettre aussi la nuit, ça va me revenir moins cher », me disait-elle.

Mes rencontres m'ont prouvé que Vicky est loin d'être la seule à penser ainsi. C'est certain que votre peau ne subira pas de dommages réels si vous faites comme elle. Mais vos soins ne seront pas optimaux. Une crème de nuit est conçue spécialement pour travailler la peau au repos, ce qui n'est pas le cas de sa contrepartie diurne. Et pour ce qui est des économies, l'argument ne tient pas. Puisqu'il sert aussi la nuit, son pot de crème de jour va se vider deux fois plus vite!

## *Les soins de la peau pour hommes*

Les soins de la peau pour hommes sont sensiblement les mêmes que pour les femmes, bien que ces messieurs aient beaucoup moins de choix (les lotions tonifiantes pour hommes, par exemple, sont très rares). Bien souvent, l'odeur et l'apparence d'un produit sont les seules différences... à part le coût. À prix équivalent, les hommes obtiendront un plus grand format! Je vous entends déjà, mesdames, crier à l'injustice. Mais le marché des hommes, qui est plus petit, force peut-être la différence. Se crémer le visage est encore une pratique relativement tabou chez nos mâles, qui jugent la chose peu « virile » (pourquoi?). Chose certaine, les fausses pudeurs perdent du terrain, puisque les rayons de produits pour hommes sont en pleine expansion et gagnent rapidement en popularité.

## Les baumes

Trop peu d'hommes utilisent un baume après-rasage qui, pour la peau du menton et des joues, est pourtant bien plus efficace qu'une simple lotion après-rasage, ou « splash ». Et pourtant, ces régions du visage gagneraient un repos bien mérité. À long terme, la plupart des baumes ralentissent la pousse des poils et, en plus d'adoucir la peau (ça, c'est pour la femme) et de l'assouplir, ils préviennent les poils incarnés.

Tout comme pour les autres soins de la peau, les baumes sont conçus en fonction des types de peau: grasse, sèche ou normale et mixte. Les soins en gel sont conçus pour les peaux normales et mixtes. Alors que ceux qui se vendent sous forme de crème et de baume

sont parfaits pour les peaux sèches. Vous devrez magasiner avec cette information en tête, puisque les emballages de produits après-rasage ne spécifient pas le type de peau auxquels ils conviennent.

Tous les baumes sont conçus pour les peaux sensibles, puisqu'elles le sont toutes après un rasage.

Si vous vous demandez encore quel baume acheter, allez-y avec la famille et découvrez si les soins de votre tendre moitié a un pendant masculin!

**TRUCS ET ASTUCES**

Pour un rasage idéal (c'est-à-dire qui ne laisse pas de traces), commencez par nettoyer votre peau avec un gel nettoyant, non asséchant, ou avec une mousse. Cela vous débarrassera des impuretés et évitera qu'elles pénètrent votre peau lors du rasage. D'ailleurs, vous pouvez utiliser ces mêmes produits nettoyants pour votre peau le soir, sous la douche.

# 2

## Nettoyer sa peau

Nettoyer la peau de son visage peut sembler une tâche fastidieuse, mais c'est une simple habitude qui n'a rien d'une perte de temps! Voyez plutôt cette opération comme une façon de rentabiliser votre investissement en soins! En effet, bien qu'invisibles à l'œil nu, de multiples impuretés obstruent vos pores et se logent dans votre peau. Ces saletés accumulées nuisent à l'efficacité des autres soins auxquels vous pourriez avoir recours. Le nettoyage quotidien de votre peau est donc de mise. Procurez-vous un miroir grossissant, c'est bien pratique!

La meilleure façon de nettoyer votre peau? Versez dans le creux de votre main une pastille de votre lotion, crème ou gel, de la grosseur d'une pièce de vingt-cinq sous. Réchauffez en frottant vos mains et déposez en petites touches sur votre front, vos joues, votre nez et votre menton. Massez légèrement pendant une ou deux minutes en évitant la région des yeux. Enlevez le produit à l'aide d'un petit coton plat ou d'un mouchoir. Terminez avec une lotion tonifiante pour un travail plus complet à l'aide d'un petit coton imbibé du produit.

**LE SAVIEZ-VOUS?**

Même grasse, une peau peut aussi être sensible, surtout si elle est en traitement contre l'acné. Il est primordial d'utiliser des soins doux pour ne pas l'agresser davantage.

# *Les nettoyants*

Encore une fois, lorsque vous voulez acheter un nettoyant pour votre visage, vous devez tenir compte de votre type de peau. Mais comment vous retrouver dans la panoplie des soins offerts et faire le bon choix.

Le mot qu'il faut d'abord chercher sur l'étiquette, c'est bien sûr «nettoyant» ou «démaquillant». Jusqu'ici, rien de plus simple. C'est par la suite que ça se complique, parce que chaque type de peau est associé à des qualificatifs qui changent d'une compagnie à l'autre.

## *Les emballages*

Sur les emballages de nettoyants qui portent la mention «peaux sèches», il faut aussi chercher des termes qui tournent autour du concept de «confort hydratant».

Les nettoyants pour «peaux grasses» sont plutôt complétés par des termes tels «purifiant», «assainissant» ou «resserrement des pores».

Les nettoyants pour peaux sensibles portent une mention s'apparentant à la «douceur» et au «confort apaisant».

**?**

**LE SAVIEZ-VOUS?**

Les lingettes nettoyantes sont parfaites pour dépanner au cours d'un week-end en amoureux ou d'un voyage dans le Sud, par exemple, mais elles sont chères, très peu écologiques et ne nettoient jamais aussi bien qu'un nettoyant conventionnel.

**TRUCS ET ASTUCES**

Pour toutes les peaux, et même la plus grasse, qui a normalement horreur des huiles, les baumes en huile nettoyants rendent la peau soyeuse à souhait! C'est tout nouveau. En plus, ces produits offrent à toutes les peaux une occasion de se faire doucement masser, elles en ont grandement besoin. Vous en raffolerez!

## VRAI OU FAUX?

**• *Lait, gel ou crème, c'est la même chose. Il n'y a que la texture qui change.***

**FAUX** Les ingrédients ne sont pas les mêmes... On utilise un lait ou une crème si on porte un fond de teint. Il le dissoudra plus facilement. Le gel ou la crème conviennent mieux selon la peau et selon les préférences aussi...

## Selon les types de peau

Lorsqu'il ne vous reste plus qu'à choisir une texture qui convient à votre peau, vous avez au moins autant de choix que lorsque vous commandez un café latté: lait écrémé, de soya, crème, mi-lait, mi-crème... Pour les soins nettoyants, c'est plutôt: lait, crème, lotion, gel... Le tableau ci-dessous indique comment choisir en fonction de son type de peau.

| *Si votre peau est de type...* | *Nettoyez-la avec...* |
|---|---|
| • sèche | une crème, un lait ou une lotion |
| • normale | un lait ou une lotion |
| • grasse | un gel ou une lotion |
| • mixte | un gel, un lait ou une lotion |

## VRAI OU FAUX ?

### • *Avoir une peau sensible, c'est avoir une peau sèche.*

**FAUX** La sensibilité est une condition de la peau. Qu'elle soit sèche, mixte ou grasse, et oui, une peau grasse peut aussi être sensible...

## $ QUESTION DE PRIX

Les soins nettoyants quotidiens les plus haut de gamme ne dépassent pas les 40 $ le contenant. Mais vous pouvez vous en tirer pour beaucoup moins. En effet, quelques compagnies offrent de bons nettoyants à partir de 12 $. Comme pour tous les autres soins du visage, plus vous payez cher, plus votre soin contiendra d'ingrédients actifs, et plus il donnera des résultats rapides.

## • *Les savons*

« Quand la peau tiraille, ça veut dire qu'elle est propre ! » me dit Carole. Comme bien des clientes, Carole ne sait pas qu'en fait, chaque fois qu'elle se savonne, elle assèche sa peau. Je lui ai remis deux échantillons, un démaquillant et une lotion tonifiante, en lui expliquant

> **?**
> *LE SAVIEZ-VOUS ?*
> Les crèmes dites «toutes peaux» conviennent à tous. Par contre, elles sont moins efficaces si vous cherchez à contrôler ou à traiter un inconfort relié à votre type de peau.

**TRUCS ET ASTUCES**

Si vous avez la peau sensible, essayez des soins nettoyants ou démaquillants «micellaires». Les micelles sont des particules minuscules qui ont un pouvoir nettoyant ultra doux. Elles agissent comme des espèces d'aimants qui aspirent les impuretés sans agresser la peau. À cause de leur douceur, ces soins sont souvent recommandés aux femmes qui reçoivent de la chimiothérapie.

comment s'en servir. Quelques jours plus tard, Carole revenait me voir: «On dirait que ma peau est plus propre et plus fraîche!» Les tiraillements s'étaient évanouis. Pour Carole, il n'a plus jamais été question de savon...

## VRAI OU FAUX?

### • *Le savon n'est pas conçu pour la peau du visage.*

**VRAI** Plusieurs de mes clients se nettoient le visage avec du savon à mains... et prétendent que leur peau est resplendissante. En fait, on aime le savon parce qu'il est pratique et pas cher. Chose certaine, les vertus de la savonnette ont leurs limites, surtout sur le visage. Qu'ils soient «ultra-hydratants», «de beauté» ou «énergisants», il reste que les pains de savon contiennent des ingrédients qui dessèchent généralement l'épiderme. De plus, ils laissent en surface des particules qui s'incrustent dans les pores de la peau, les bloquent, rendant les autres soins moins efficaces.

## VRAI OU FAUX?

### • *Rien ne vaut un rinçage à grande eau.*

**FAUX** L'eau procure une sensation de fraîcheur appréciée. Mais ses bienfaits s'arrêtent là. Pour nettoyer la peau de votre visage, l'eau est loin d'être essentielle. De plus, elle comporte du chlore, du calcaire et d'autres éléments qui bouchent les pores et empêcheront une pénétration efficace des soins ultérieurs. C'est ici que les lotions toniques jouent leur plus grand rôle.

## *Pour les inconditionnels de l'eau...*

Si vous aimez l'eau et son effet fraîcheur, les eaux nettoyantes, moussantes ou en brumisateurs (bombonnes) devraient vous convenir. Les gels nettoyants pour les peaux grasses ou mixtes requièrent un rinçage à l'eau. Toutefois, n'oubliez pas de terminer votre nettoyage avec une lotion tonique afin d'enlever les dépôts que l'eau du robinet laissera sur votre peau.

## • Les lotions

Pour votre rituel de beauté, les lotions dites « toniques » ou « tonifiantes » sont indispensables. Appliquez la substance sur un coton que vous passerez sur votre visage afin de compléter votre nettoyage parfaitement. Lorsqu'elles sont conçues pour un type de peau spécifique, on le précise sur l'emballage. Elles assurent une peau plus lisse et satinée et vous feront économiser votre soin hydratant par la suite.

**LE SAVIEZ-VOUS ?**
Une utilisation trop fréquente des exfoliants peut activer la production de sébum et risquer d'accroître les problèmes d'acné. Toutefois, raisonnablement utilisés, ils peuvent s'avérer pratiques pour les adolescentes aux prises avec des boutons.

## • Les soins exfoliants

Quand elles tombent du cuir chevelu, on dit que ce sont des pellicules. Votre visage produit aussi son lot de peaux mortes, souvent invisibles à l'œil nu, qui s'accumulent telles des « traîneries » dans un logis. Mieux vaut vous débarrasser de vos peaux mortes une ou deux fois par semaine que d'attendre trop longtemps. C'est justement le mandat des soins exfoliants, également appelés gommages ou peelings. Si votre peau est très grasse, n'hésitez pas à y « passer le balai » jusqu'à un maximum de trois fois par semaine.

## *Les masques*

Notre visage a parfois besoin d'un grand ménage du printemps. Ce n'est plus d'un balai dont on a besoin, mais d'une méga balayeuse! Les masques font un peu office de balayeuse.

Il doit exister autant de sortes de masques que de produits de nettoyage pour la maison. Les plus connus, les masques à l'argile, sont un peu l'équivalent des produits tout usage: ils sont polyvalents, très couramment consommés et utilisés à toutes les sauces. Il faut se souvenir que l'argile, c'est bon, mais que ce n'est pas toujours idéal (comme dans le cas des peaux sèches).

Les masques à base d'argile, de kaolin ou les poudres de talc absorbent le gras et resserrent les pores (comme c'est écrit sur leur emballage). Ils constituent un bon choix pour les personnes à la peau grasse. Leur effet de nettoyage en profondeur donne une sensation de fraîcheur et aide à faire disparaître les petits points noirs et blancs.

**TRUCS ET ASTUCES**

Avant de faire un masque facial, utilisez un exfoliant. Le masque pénétrera votre peau beaucoup plus profondément! Pour les peaux fragiles, mélangez une goutte d'exfoliant à votre masque et massez délicatement durant une minute. Laissez agir et le tour sera joué!

### ● *Les masques raffermissants*

Si l'aspect un peu flasque de votre peau vous embête, essayez les masques dits «raffermissants», conçus pour donner un coup de fermeté aux tissus de votre épiderme. Grâce à leurs principes actifs (collagène, élastine, protéines), ils contribuent au renouvellement cellulaire, aident la peau à retrouver son tonus et la gorgent de nutriments.

Utilisé le matin, sur tout type de peau, le masque raffermissant aidera beaucoup la tenue de votre maquillage!

### VRAI OU FAUX?

● *Les tranches de concombre sont un remède contre les yeux bouffis.*

**VRAI** Ce cliché des films de Hollywood des années 50 et 60 est effectivement bon pour réduire les poches sous les yeux, parce que le concombre est très doux et a des propriétés décongestionnantes. À tel point que certaines compagnies en ajoutent des extraits dans leur démaquillant.

## ● *Les masques d'hiver*

L'hiver, tous apprécieront les masques hydratants ou anti-soif, qui redonnent la souplesse à un épiderme figé par des températures quasi sibériennes. Ces masques gavent la peau d'eau et seront donc bénéfiques à l'année pour les personnes qui ont une peau sèche.

«Après un week-end de ski, mes joues sont couvertes de croûtes roses.» J'ai conseillé à Valérie l'application temporaire d'un masque apaisant (anti-rougeur) en une fine couche sur les régions affectées, au coucher. Au bout de trois soirs, le problème était résolu!

## ● *Les masques d'été*

L'été, ce sont plutôt les masques «effet fraîcheur» qui sont tout désignés. Comme leur nom l'indique, ils redonnent au visage une sensation de légèreté malgré l'humidité ambiante. Parmi eux figure le fameux masque pelliculaire (peel-off) que nos mères affectionnent, qui est cependant de plus en plus déclassé par l'emploi de types de masques composés de nouveaux ingrédients tels le menthol, les plantes ou une eau de source thermale.

**TRUCS ET ASTUCES**

**«Ma peau est couverte de petites lignes fines! Que faire?»**
L'épiderme de Nathalie est déshydraté. Pas de panique: il suffit d'étaler une fine couche d'un masque hydratant, 15 minutes avant d'aller au lit, pour que ce soit la peau et non l'oreiller qui absorbe le soin. Je lui ai conseillé de répéter l'application durant deux ou trois jours. Résultat: sa peau s'est gorgée d'eau et les stries ont disparu!

## ● *Les masques de « lendemains de veille »*

Vous avez bu, vous avez dansé et vous avez ri jusqu'aux petites heures du matin. Tant mieux pour vous ! Mais vous ne tenez sans doute pas à ce que vos collègues le lisent sur votre visage...

En vous levant, appliquez un masque « coup d'éclat », aussi appelé défatigant, détoxifiant, bonne mine, bon teint, beauté éclair ou d'autres appellations du même genre. Vous remarquerez la différence.

## $ QUESTION DE PRIX

Vous pourrez trouver un masque pour 10 $, mais si vous voulez vous attaquer à un problème précis, comme atténuer des rides ou une acné persistante, vous pourrez débourser jusqu'à 50 $ pour un bon masque. Comme pour les soins quotidiens, plus vous paierez cher, plus votre masque contiendra, en principe, d'ingrédients naturels, en général plus doux pour la peau (eau de source thermale, extraits de fruits ou de plantes, huiles essentielles, miel), ainsi qu'une plus forte concentration d'ingrédients actifs ou correcteurs, qui donnent des résultats plus rapides.

**LE SAVIEZ-VOUS ?**

Qu'on les pèle, qu'on les rince ou qu'on les enlève avec un coton plat, la plupart des masques sont conçus pour rester entre 10 et 20 minutes sur le visage et pour en utiliser de 5 à 10 ml afin de couvrir parfaitement notre peau!

# Les soins abrasifs

Au hockey, sur une patinoire trop couverte de résidus de glace, on fera appel à la Zamboni! Le peeling et la microdermabrasion sont aux soins cosmétiques ce que la légendaire machine est au hockey: des surfaceuses. Ces soins abrasifs renouvellent toute la peau de votre visage. Ce sont de très puissants exfoliants. Longtemps offerts uniquement par les esthéticiennes ou dermatologues, ces soins sont maintenant disponibles en formule « maison », dans les rayons de cosmétiques.

## Le peeling et la microdermabrasion

L'acide contenu dans le peeling active le renouvellement de l'épiderme, affine les rides et ridules, atténue les taches pigmentaires, lisse les traits et rend le teint plus éclatant. Bref, il donne un coup de jeunesse!

La microdermabrasion fait un peu la même chose, mais sans acide, en massant plutôt la peau avec des cristaux granuleux. On le fait délicatement aux niveaux des régions sensibles et plus vivement sur les autres régions. Et on rince à l'eau. Il n'est pas recom-

**LE SAVIEZ-VOUS?**

Il existe des masques anti-feu pour celles qui ont tendance à rougir. Ceux-ci sont faits d'ingrédients apaisants et calmants qui agiront un peu comme un extincteur sur l'épiderme. Très utiles après un coup de soleil!

43

mandé de se servir de ces traitements plus de deux cures complètes par année, vu leur effet abrasif.

Peeling et microdermabrasion laisseront des résidus sur votre visage. On peut les enlever soit avec un coton plat ou une lotion dite « neutralisante », parfois fournie avec le soin. Et pour couronner le tout en beauté, terminez avec une crème ou des capsules de vitamine C, qui donneront à votre peau un éclat immédiat.

## VRAI OU FAUX?

### • *Le peeling, c'est bon pour tous!*

**FAUX** Si votre peau est sensible ou présente des traces sévères de couperose, le peeling n'est pas pour vous. Une délicate microdermabrasion, sur une peau humidifiée, sera la solution idéale.

## *Les formules maison*

Les peelings maison contiennent moins d'acide glycolique, un agent abrasif qui peut endommager la peau et faire éclater de petits vaisseaux sanguins. Les solutions de peeling utilisées par les professionnels sont formées de 20 % à 70 % d'acide, tandis que les versions maison

n'en contiennent que de 10 % à 20 %.

Le fort jet de cristaux exfoliants offert en clinique est remplacé, pour la microdermabrasion à domicile, par un gel à cristaux granuleux que l'on étend sur son visage en le massant. C'est plus doux et donc davantage accessible à tous les types de peaux.

## $ QUESTION DE PRIX

En clinique, un traitement de microdermabrasion vous coûtera de 75 à 150 $ à raison d'une série de 10, tel que recommandé. Les versions offertes en pharmacie se détaillent de 40 $ à 200 $ pour un soin complet de 10 traitements. Après avoir essayé les deux, on se rend compte que les soins à la maison offrent un bon rapport qualité-prix.

## *Pour votre information*

Si il y a une chose importante, c'est bien de toujours nettoyer la peau de votre visage, et ce, matin et soir. Mais il faut aussi tenir compte de certains facteurs, souvent méconnus, qui peuvent influencer l'état de votre épiderme :

**?**

**LE SAVIEZ-VOUS ?**
Comme les cures abrasives prodiguent une exfoliation intense à votre peau et amincissent légèrement l'épiderme, il est impératif de faire ensuite l'usage d'un soin solaire de facteur 30 au minimum les jours suivants le traitement, afin de prévenir l'apparition de petites taches brunes.

1) la prise de médicaments
2) un foie qui fonctionne au ralenti
3) les accès de fièvre
4) les excès de table
et bien d'autres encore...

Tout cela se reflètera sur votre visage, et quoi que vous fassiez, vous ne pourrez rien y changer, car cela vient de l'intérieur.

Et donc, pour avoir des bons résultats avec vos cosmétiques, il ne suffit pas de nettoyer votre peau, il faut aussi faire « le ménage de l'intérieur », c'est-à-dire entreprendre une ou des cures nettoyantes et/ou détoxifiantes. Parmi toutes celles qui existent sur le marché, à vous de trouver celle qui vous convient!

Le résultat des soins que vous donnerez ensuite à votre visage n'en seront que plus spectaculaires.

Il existe aussi, bien sûr, des soins saisonniers de nettoyage avec lesquels vous pourrez vous dorloter dans le confort de votre foyer. Ils ne sont pas uniquement destinés à votre visage mais aussi à votre corps tout entier.

Bon ménage !

## *Des nettoyants pour hommes*

Encore des tabous! Très peu d'hommes ont recours aux cosmétiques pour nettoyer la peau de leur visage. Nombreux sont ceux qui ont l'habitude de se laver le visage sous la douche avec un savon pour le corps parfumé. Vous savez, ces barres vertes qui font viril avec leur publicité en nature sauvage?

Pauvres petits visages! Quel traitement-choc! Non seulement les agents saponaires obstruent-ils les pores, mais en plus, les parfums sont très irritants. Ne vous surprenez pas, messieurs, si vous êtes aux prises avec de petits boutons... Ils ne sont peut-être pas causés par le rasage!

Et pourtant, avec leur rasage quotidien, ce sont les hommes qui auraient le plus besoin de soins faciaux.

Pour répondre aux exigences plus spécifiquement masculines, certaines compagnies renommées ont déjà mis sur le marché des soins nettoyants conçus pour eux. Comme les gammes masculines sont plus limitées, pour un problème particulier de la peau, n'hésitez pas à vous tourner vers les soins dermo-cosmétiques, qui l'aideront à redevenir plus saine.

# 3

## Les soins anti-âge

Permettre de vieillir moins vite est probablement le plus grand service rendu par les produits cosmétiques. Qu'elles aient 25, 35, 45, 55 ou 65 ans, les femmes, surtout, comptent sur une multitude de produits de plus en plus sophistiqués pour continuer à se voir jeunes dans leur miroir. Dictature de la beauté ou simple bénéfice de la science et de la technologie ? Qu'importe ! On veut savoir quoi faire pour combler une ride ici, cacher un cerne là, raffermir la peau ici, l'hydrater un peu plus loin. Et au prix que cela coûte, on ne veut pas se tromper !

Avec leur degré élevé d'efficacité, toutes sortes de solutions esthétiques sont à votre portée... Si vous savez bien utiliser les renseignements. Ce chapitre dresse un tableau de l'état du visage, de ses besoins et des soins à adopter au fil du temps, ce fameux joueur de tours. Ici, on vous montre comment lui mettre des bâtons dans les roues, année après année, une décennie à la fois. Bon voyage dans le temps !

# La vingtaine

La peau est belle, les hormones se sont finalement calmées après leurs sautes d'humeur à l'adolescence, le teint est uniforme. Voilà pour les bonnes nouvelles. À partir de 25 ans, le collagène et l'élastine qui assurent la fermeté et la souplesse de notre peau commencent à se détériorer, tranquillement mais sûrement. Le processus interne n'aura de conséquences externes que dans quelques années, mais on peut déjà lui imposer de mettre des freins.

## Les soins importants

- Hydratation du visage et des yeux
- Premiers soins de nuit
- Soins préventifs antirides
- Soins solaires assidus

### ● L'hydratation

C'est le temps de prendre de bonnes habitudes! Question de lutter contre la détérioration des tissus, la vingtaine est le temps idéal pour commencer à s'hydrater la peau du visage, soir et matin, avec un soin conçu pour notre type de peau (voir chapitre 1). Vous introduirez ainsi le geste à votre routine quotidienne. Dorénavant, il vous faudra faire avec! N'oubliez pas le cou et les mains.

## ● *Les antirides*

Vers l'âge de 25 ans, c'est déjà le temps de penser à ses futures rides! Peut-être en avez-vous déjà un aperçu au coin des yeux, sous formes d'impertinentes ridules? C'est à cet endroit qu'elles apparaissent en premier. Le stress, votre bagage génétique, vos expressions faciales et votre hygiène de vie influenceront le moment de leur entrée en scène.

Les soins antirides ne s'adressent pas qu'aux femmes ayant de grandes pattes d'oie. Au contraire! Certains soins antirides pour les yeux sont conçus pour prévenir les rides et freiner la croissance de celles qui parcourent déjà votre visage dans la vingtaine. Ce seront probablement vos premiers soins de nuit! Plus on commence tôt à prendre soins du contour de nos yeux, plus on a de chances de ralentir le processus de vieillissement.

## • *Les yeux*

La fragilité de la peau autour des yeux provient du fait qu'elle est très mince et que son hydratant naturel, le sébum, y est présent en faible quantité. Quand on pense qu'on cligne des yeux au moins 10 000 fois par jour, leur donner un coup de pouce n'est pas un luxe. Si vous apercevez de fines stries blanches autour de vos yeux, c'est que cette fine peau est assoiffée. Vous pourrez y remédier avec un soin hydratant pour les yeux. Certains d'entre eux comportent aussi un soin antirides ou « fermeté ».

De tous les produits cosmétiques, les soins pour les yeux sont ceux qui durent le plus longtemps. Chaque œil requiert, deux fois par jour, l'équivalent de la moitié d'un grain de poivre entier. En respectant cette quantité, votre soin devrait durer jusqu'à six mois. Si votre crème antirides ou hydratante est munie d'une pompe, contrôlez bien la quantité qui en sort pour ne pas gaspiller. Mais n'oubliez pas d'en mettre ! Encore ici, l'assiduité est la clé du succès.

**TRUCS ET ASTUCES**

Utilisez votre annulaire pour appliquer votre soin contour des yeux. Ce doigt est celui qui exerce la pression la plus douce, ce qui est idéal pour la petite peau fragile du contour de l'œil. Le soin devrait être déposé en haut de l'œil, entre la paupière et la base du sourcil. Et dans les deux centimètres sous l'œil, sans toucher à la ligne des cils. Finalement, c'est directement sur l'os périoculaire.

# La trentaine

Le sujet est dorénavant impossible à éviter. Les ridules sont bel et bien là, au coin des yeux. Et les rides d'expression courent de notre nez à notre bouche, ou forment un accordéon sur notre front, entre nos yeux. Peu profondes, elles se révèlent au moindre rire, au moindre froncement de sourcils.

Le vieillissement interne de notre peau s'extériorise, démontrant les effets d'un début de pénurie d'élastine et de collagène. Mais qu'à cela ne tiennent, vous être loin d'avoir dit votre dernier mot !

## Les soins importants

- Soins correcteurs des ridules et des rides d'expression
- Soins anticernes et pour désenfler les yeux bouffis
- Hydratation du visage et des yeux
- Soins solaires assidus

## ● Les antirides

Globalement, le but premier de vos soins de jour et de nuit demeure la prévention. Mais ils devraient désormais comporter une touche d'ingrédients correcteurs efficaces, qui s'attaqueront aux ridules et aux

rides d'expression déjà existantes. Les « antirides d'expression » se vendent en gel ou en crème.

Je suis très expressive de nature. À l'aube de la trentaine, mon front était déjà parcouru de sillons marqués qui n'auguraient rien de bon. Il y a quelques années, les peptides venaient de débarquer sur le marché. J'ai décidé d'en faire l'essai. Chaque soir, j'ai appliqué un soin aux peptides sur mon front, en le pianotant du bout des doigts pour faire pénétrer la crème. Au bout d'un an, mes rides d'expression s'étaient estompées au point où il était difficile de les voir ! Et le meilleur dans tout ça, c'est que l'effet dure encore aujourd'hui !

En ce qui a trait aux soins cosmétiques, ils n'ont pas leurs pareils pour détendre la peau et combler les rides... Leur résultat complet peut nécessiter plusieurs mois d'application quotidienne. La plupart des soins du genre contiennent 10 % de peptides, ce qui est suffisant pour qu'ils soient efficaces.

Certains fabricants en parlent comme d'un produit « miracle ». D'autres vont jusqu'à dire que c'est meilleur

**LE SAVIEZ-VOUS ?**

Occupez-vous de vos lèvres dès maintenant. Plusieurs choix sont offerts mais rien ne vous empêche d'appliquer votre soin pour le contour des yeux autour de vos lèvres (on en fait souvent mention sur l'emballage).

qu'une chirurgie ou qu'une injection de Botox. On peut en douter. Mais une chose est certaine, les soins à base de peptides sont particulièrement efficaces pour freiner, ou parfois même renverser (temporairement du moins) l'évolution des rides.

## VRAI OU FAUX?
### • *Les femmes de 30 ans ont tout à gagner en utilisant des soins du visage destinés aux femmes de 50 ans.*

**FAUX** Les soins pour les femmes d'un certain âge contiennent des ingrédients qui ne sont pas faits pour les peaux plus jeunes. De plus, les soins du visage pour les femmes plus âgées coûtent souvent plus cher en raison des ingrédients de pointe qui les composent. Les acheter 20 ans avant le temps revient à gaspiller son argent.

Nancy, dans la trentaine, est une fan des petits pots de crème depuis des années déjà. Elle a entre autres, toutes sortes de soins pour le visage, fabriqués par différentes compagnies. Un jour, Nancy se retrouve avec une éruption de boutons rouges autour de la bouche. Pauvre elle! Lorsqu'elle dresse la liste des pro-

duits qu'elle a utilisés, je comprends ce qui lui arrive. Parce qu'elle le croyait super efficace, Nancy a utilisé un soin destiné aux femmes... ménopausées! Elle se disait que sa peau bénéficierait du soya contenu dans cette crème. Erreur! Nancy est repartie avec un traitement pour sa réaction cutanée, tout en se promettant de remettre son fameux petit pot à sa mère.

### • *Les yeux*

Un soin antirides pour les yeux est maintenant de mise. Si vous utilisez déjà un soin hydratant pour cette région du visage, choisissez-en un qui comporte un antirides. Certains soins pour le contour de l'œil sont très complets, atténuant les cernes, les boursouflures et les rides en plus d'hydrater la peau. Ils sont conçus pour tous les types de peau.

La fatigue du travail, un premier accouchement et le stress sont souvent les grands responsables de l'apparition des poches sous les yeux. Pour que nous en venions à bout, les fabricants proposent des gels composés d'eau, de minéraux et de vitamine C. La vitamine E y est souvent introduite pour ses vertus d'antioxydant. Ces ingrédients décongestionneront le contour de l'œil tout en faisant pâlir un cerne bleuté. Mais attention: si certains agissent sur le coup, d'autres soins ne donneront un résultat qu'après quelques jours, selon leur concentration d'ingrédients actifs.

## $ QUESTION DE PRIX

Les soins pour le contour des yeux se vendent de 10$ à 80$ pour un contenant de 15 à 20 ml. Les prix varient en fonction de l'efficacité des ingrédients. Cela semble cher, mais rappelez-vous que la quantité quotidienne requise est équivalente à la moitié d'un grain de poivre entier ou à un quart de petit pois vert. À ce rythme, votre petit contenant de 15 ml durera des mois.

**LE SAVIEZ-VOUS ?**
Privilégiez les soins pour les yeux en gel ou à base d'eau si vous vous maquillez fréquemment. Les soins à base d'huile pourraient empêcher la tenue de votre maquillage, surtout si votre peau est grasse.

# *La quarantaine*

Finie la prévention! On passe à l'action et aux soins correctifs un peu plus agressifs. À 40 ans, les soins préventifs appliqués depuis une dizaine d'années font toute la différence. Mais l'effet du temps est tout de même indéniable. Les ridules sont devenues des rides. Les rides d'expression sont là pour rester, avec ou sans sourire. Plus molle, la peau du visage et du cou a commencé à s'affaisser, changeant la forme de notre visage. Et la fermeté de nos paupières donne des signes de fatigue.

Nos soins quotidiens sont plus importants que jamais! Il ne faut pas lâcher nos bonnes habitudes! Et pour celles qui commencent à se préoccuper de l'esthétisme de leur visage, ne vous découragez pas. Il n'est jamais trop tard pour bien faire.

## *Les besoins*

Tout d'abord, déterminez vos besoins. Qu'est-ce qui vous dérange lorsque vous vous regardez dans le miroir? Vos pattes d'oie, le manque de fermeté de votre peau, vos taches pigmentaires, le relâchement de votre cou?

Quelle que soit votre réponse, il existe un soin conçu pour faire face au problème. Le choix de produits efficaces pour les femmes de 40 ans et plus est vaste. Pour vous y retrouver, commencez par vous diriger vers une gamme qui vous est familière et que vous avez appréciée par le passé. Et examinez ce qu'elle a à vous offrir. C'est un bon point de départ.

## Les soins importants

- Soins fermeté pour la peau du visage
- Antirides correcteurs
- Soin de nuit concentré
- Sérum qui optimise les soins quotidiens
- Soin correcteur pour les yeux
- Soin spécifique pour la peau du cou

## ● La discipline

À partir de 40 ans, le mot d'ordre, c'est: rigueur, rigueur, rigueur! Vos soins freinent le vieillissement de votre peau, et celle-ci a plus que jamais besoin de ces freins! L'application quotidienne de vos soins durant votre quarantaine ralentira grandement le dépérissement de votre peau dans les décennies à venir.

**TRUCS ET ASTUCES**

Il peut arriver que votre soin «fermeté» assèche un peu trop votre peau du visage. Pour y remédier, appliquez une fine couche (vraiment fine) d'un sérum hydratant sous votre soin fermeté et le problème sera réglé!

## ● *Les sérums*

Les sérums ne sont pas des produits miracles, mais ils y contribuent. Appliqué à tous les trois ou quatre mois sur le visage, un sérum aura pour effet de stimuler les ingrédients actifs de vos soins quotidiens, les rendant plus efficaces. Ce sont des espèces de cures que l'on applique aux changements de saisons (donc aux trois mois) ou aux grands changements de température, deux fois par année.

## ● *Le cou*

Quelques fabricants proposent des soins spécifiques à la région du cou, pour en raffermir la peau et contrer l'effet double menton. Dans la quarantaine, c'est le temps de commencer à se préoccuper de cette zone qui, souvent négligée, est aussi victime de la gravité. Toutefois, à moins d'un affaissement plus majeur, vous pouvez aussi vous contenter d'y appliquer vos crèmes habituelles de jour et de nuit. Les crèmes pour le cou doivent être légères en texture parce que la peau y est plus mince.

## • *Les bonnes crèmes antirides donnent des résultats immédiats.*

**FAUX** Bien plus que la rapidité, c'est la durée des résultats qui compte. Un soin antirides de qualité peut mettre quelques semaines avant de donner un bon rendement, mais celui-ci ne s'effacera pas du jour au lendemain. En général, en cosmétiques, il faut se méfier des résultats très rapides, parce qu'ils ont tendance à ne pas durer.

**?**

### LE SAVIEZ-VOUS?

Rien ne vous empêche d'utiliser une crème de jour et une crème de nuit de marques différentes. Il est très rare que des ingrédients actifs de crème de deux compagnies distinctes entrent en conflit dans ce genre de produit. (Dans le pire des cas, un mélange peut susciter une légère réaction cutanée.) Par contre, il est préférable, quand il s'agit d'antirides, d'utiliser des produits de la même gamme pour optimiser les résultats.

## • *Les soins de nuit*

À 40 ans, c'est le temps de faire connaissance avec les soins de nuit (si ce n'est pas déjà fait). Pourquoi ne pas se contenter d'un soin de jour? Parce que c'est la nuit que notre peau est plus réceptive. En se régénérant, elle absorbe davantage les ingrédients actifs, présents à plus forte concentration dans les soins de nuit, surtout quand on parle d'antirides.

## • *Les yeux*

Adoptez un soin de qualité pour contrer les rides plus profondes autour de vos yeux. Certains soins correctifs antirides s'attaquent également aux cernes bleutés et aux poches sous les yeux. Si ces qualités vous intéressent, recherchez-les sur les emballages de soins antirides pour les yeux. Vous pouvez aussi commencer à regarder les soins spécifiques destinés aux paupières tombantes.

## *La cinquantaine*

Enfin, on est débarrassé de nos règles mensuelles ! Mais pas avant un dernier chemin de croix (comme si avoir des règles toute notre vie n'avait pas suffit !) qui, pour certaines, est plus douloureux que d'autres. Bouffées de chaleur, déprime, apparition accélérée des rides, pilosité du visage et insomnie font partie des symptômes de la ménopause. Les soins cosmétiques ne peuvent pas grand-chose pour contrer les bouffées de chaleur et l'insomnie (parlez-en plutôt à votre médecin), mais peuvent s'avérer utiles pour le reste. Très utiles même.

## Les soins importants

- Soins pour les femmes en ménopause
- Les compensateurs hormonaux
- Soins fermeté pour le cou et tout le visage
- Soins antirides « fermeté » pour les yeux
- Soins épilatoires

## • *La ménopause*

La ménopause affecte grandement la peau, de sorte que ses besoins ne sont, temporairement, plus tout à fait les mêmes. Typiquement, la peau s'amincit, s'assèche et perd son élasticité, ce qui en fait un terreau fertile pour les rides.

Quand vous sentez que votre ménopause approche, commencez à remplacer vos soins par des produits conçus pour pallier à cet important changement hormonal. Plusieurs contiennent de l'isoflavone de soya, un ingrédient également utilisé pour contrebalancer les effets des médicaments que propose le médecin de façon plus naturelle (sous forme de suppléments).

Les fabricants cosmétiques innovent dans le domaine depuis quelques années et les femmes qui

bénéficient de leurs trouvailles voient une grande différence sur leur peau, qui est plus lisse et plus douce.

## ● *Les yeux*

En plus d'atténuer vos cernes et vos poches sous les yeux, vos soins antirides pour les yeux devraient absolument contenir des ingrédients raffermissants. Les caractéristiques « antirides » et « fermeté » sont celles qui sont le plus souvent combinées, pour les femmes dans la cinquantaine. Ces produits freineront l'affaissement de vos paupières supérieures et inférieures tout en ralentissant la progression des rides. Attendez-vous à payer ces soins un petit peu plus cher qu'avant.

Et si vos cernes et vos poches vous dérangent, munissez-vous d'un deuxième soin pour les yeux, préférablement en gel, qui cible ces problèmes spécifiques.

L'isoflavone de soya se retrouve aussi dans les soins antirides pour les yeux. C'est un ingrédient actif raffermissant idéal pour la peau des femmes en ménopause. Il l'aidera, entre autres, à reprendre sa souplesse le matin!

**LE SAVIEZ-VOUS?**
Il existe toute une gamme de soins cosmétiques conçus uniquement pour les femmes en ménopause. La plupart d'entre eux contiennent ces ingrédients qui redonneront de la matière (densité) à votre peau.

## • L'épilation

Non, vous n'êtes pas obligée de tolérer les poils disgracieux au visage. Vous trouverez tout ce qu'il vous faut pour épiler les zones de votre visage envahies par une armée de poils de duvet ou par des poils foncés résolument effrontés (voir le chapitre 6, sur les poils). Vous pourrez aussi les pâlir, si vous préférez.

### VRAI OU FAUX ?

**• Après leur ménopause, les femmes devraient recommencer à utiliser les soins qu'elles utilisaient auparavant.**

**VRAI** Rien ne les en empêche. Les soins « ménopause » sont un peu moins pertinents lorsque le changement hormonal a pris fin.

## La soixantaine

Tout comme les femmes en ménopause, les femmes de 60 ans et plus disposent aussi depuis quelques années de gammes de produits qui leurs sont destinés. Souvent à base de calcium et de minéraux, ces

soins veillent à ralentir l'amincissement de l'épiderme typique de cette décennie. Crèmes de jour et de nuit, soins pour les yeux, crèmes antirides, soins « fermeté »... Tout ça est disponible en formule « 60 ans et plus », pour de meilleurs résultats.

## *Les soins importants*

- Les soins hydratants
- Les soins spécifiques pour les 60 ans et plus
- Soins fermeté pour le cou et tout le visage
- Soins antirides « fermeté » pour les yeux

### • *L'hydratation maximum*

Les besoins de la peau deviennent urgents dans la soixantaine. Le ralentissement du renouvellement cellulaire entraîne l'amincissement de l'épiderme du visage, qui laisse maintenant voir les veines rouges ou bleues qui le parcourent. La peau produit dorénavant peu de sébum et s'assèche rapidement. Le mot d'ordre: hydratation. Utilisés à titre préventif dans la vingtaine, les soins hydratants reprennent du galon. Ils ont une importance capitale dans la soixantaine.

**TRUCS ET ASTUCES**

À cet âge, votre peau est plus sensible que jamais auparavant et peut avoir développé certaines réactions allergiques. Pour un confort accru, privilégiez les soins portant la mention «hypoallergéniques», qui minimisent les risques d'allergies.

# 4

## Les soins
## pour le corps

Combien de temps passe-t-on à s'examiner le visage dans le miroir? Certaines préfèrent peut-être ne pas connaître la réponse à cette question... N'empêche que prendre soin de son visage et de ses cheveux va de soi. C'est un réflexe. La tête est «l'image de l'âme», comme disent certains philosophes, et la première chose qui retient notre attention quand on se regarde dans un miroir. Surtout quand ça ne va pas!

Mais on oublie souvent que le reste de notre corps, dissimulé sous nos vêtements, a lui aussi besoin que l'on s'en occupe au moins un petit peu. Il nous le rappelle si bien lorsqu'on sort notre maillot de bain à la fin du printemps!

Dans ce chapitre, vous trouverez une foule de bons conseils pour limiter votre traumatisme printanier, vous attaquer à votre cellulite, raffermir votre poitrine, donner un coup de jeune à votre peau... Bref, pour vous sentir le mieux possible dans votre corps!

**?**

### *LE SAVIEZ-VOUS?*

Les premiers savons auraient été fabriqués par les Sumériens, 2000 ans avant Jésus-Christ. Il s'agissait d'une pâte faite d'huile, d'argile et de cendre, selon le site Internet Passion Savon.

# Les savons

Rien, dans notre salle de bain, n'a l'air plus inoffensif que notre bonne vieille « barre » de savon. Si les pains de savon bon marché sont aussi populaires, c'est en raison de leurs petits prix et du fait que nous y sommes tellement habitués! Blanc et discret, ce compagnon de tous les jours fait partie de la famille depuis notre tendre enfance.

## ● Les pains de beauté hydratants

Certains ne peuvent tout simplement pas envisager prendre une douche ou un bain sans leur savon traditionnel. Et c'est parfaitement compréhensible. Mais tentez au moins d'élargir vos horizons. Osez délaisser vos petites barres blanches à 75 cents l'unité. Investissez quelques dollars et troquez-les, pour le plaisir, contre un « pain de beauté » accompagné du mot « hydratant ». Ils sont en général plus doux pour la peau que les savons ordinaires. À long terme, votre peau sera plus belle.

**LE SAVIEZ-VOUS ?**

Quand elle provient d'un aqueduc, l'eau de notre douche contient du chlore, du calcaire et d'autres éléments qui assèchent la peau tout en y laissant des dépôts nuisibles qui continueront à la « travailler » durant la journée.

## Les « outils » du savonnage

Si vous vous êtes épilé les jambes ou l'aine et que vous craignez l'apparition de poils incarnés, savonnez ces régions avec une éponge exfoliante pour la douche ou un gant de crin. Plus rugueux qu'une débarbouillette, l'éponge ou le gant délogeront les impuretés qui bouchent les pores de la peau après le rasage et qui provoquent des poils incarnés. Mais n'en abusez pas !

Au quotidien, une bonne vieille débarbouillette, c'est beaucoup plus doux pour la peau. Quant aux boules en microfibres de polymère, elles sont parfaites pour répandre une belle mousse sur notre corps, à condition de les changer aux deux mois. Au-delà de ce délai, leur hygiène laisse à désirer en raison du surplus de savon accumulé sur leur corde.

## ● Les savons dermatologiques

En plus de dépouiller notre peau de sa protection, le savon lui laisse d'autres malheureux souvenirs, soit des résidus de sels de calcium, qui bouchent partiellement les pores de peau. Plus l'eau du robinet

est « dure » (riche en calcium ou en magnésium, chlore, calcaire...), plus vous aurez droit à ces résidus.

Le marché offre quelques solutions. Il s'agit de savons dits dermatologiques ou syndet (« syn » pour synthétiques et « det » pour détergent), qui ne contiennent aucun « agent saponaire ». Ils comportent des ingrédients hydratants et nettoyants qui nourrissent la peau sans y laisser de résidus. Le contenant de ces pains ou gels douche porte la mention « sans savon ». Vous en trouverez dans n'importe quelle pharmacie.

## $ QUESTION DE PRIX

On s'en doute, les pains dermatologiques ne sont pas donnés. Votre portefeuille rouspétera peut-être moins si vous optez pour des pains de savon à base d'ingrédients naturels. Plus doux que les savons ordinaires, ils coûtent quelques dollars chacun. Pour plus de douceur, recherchez des pains au lait de chèvre, au beurre de karité, à l'huile d'olive ou d'amande.

*LE SAVIEZ-VOUS?*

Pratiquement tous les pains de savon commerciaux contiennent des agents « saponaires » qui dessèchent votre peau. Le savon, en pain ou en gel douche, dissout la fine couche graisseuse qui constitue la protection naturelle de la peau. Cette couche est en quelque sorte notre premier bouclier.

## • *Le gel douche*

Le gel douche comporte un inconvénient majeur: son contenant de plastique. Il est plus dommageable pour l'environnement que l'emballage en papier des pains de savon. Pour limiter les dégâts, procurez-vous des contenants de gel douche plus grands, de 500 ml ou d'un litre, par exemple. Ou encore, optez pour des recharges ensachées.

Si votre gel douche ne mousse pas. Pas de panique! C'est sans doute la faute de votre bonne vieille débarbouillette. Il vous suffira, pour régler le problème, d'utiliser une éponge spécialement conçue à cet effet. Vous en trouverez dans tous les bons magasins.

Vous pourrez ainsi mieux apprécier ce nouveau gel douche que vous avez eu tant de plaisir à choisir parmi les mille et un parfums disponibles sur le marché!

## • *Les hydratants*

Quand vous sortez d'une douche où vous avez utilisé un savon, votre peau est dépourvue de toute protection. L'hiver surtout, l'effet du savon peut à lui seul être responsable de microdémangeaisons ou de sensations de tiraillement sur votre peau. Les pains

de savon ou gels de douche dits «hydratants» ou «doux» sont moins asséchants que les savons ordinaires. Mais pour que votre peau soit en pleine santé, n'hésitez pas à la nourrir d'une crème pour le corps aussitôt que vous sortez de la douche.

## ● *Les huile naturelles pour le corps*

De nouveaux produits ont fait récemment leur apparition sur le marché: Les huile naturelles pour le corps, sans additifs chimiques.

Elles ont l'avantage de mieux pénétrer la peau et ont des propriétés à la fois protectrices, réparatrices et nourrissantes sans pour autant graisser la peau.

Pourquoi ne pas les essayer? Vous nous en donnerez des nouvelles.

Il y a fort à parier que vous ne reconnaîtrez plus votre peau tant elle sera douce et satinée.

**TRUCS ET ASTUCES**

Si vous avez la peau sèche ou sensible, ne prenez pas plus d'une douche par jour, afin de préserver l'huile naturelle qui protège votre peau. Et privilégiez les nettoyants hypoallergéniques. Ces derniers sont faits d'ingrédients doux et ne contiennent ni parfum, ni savon.

# Les crèmes pour le corps

Le choix de crèmes pour le corps est immense. Heureusement, les reconnaître est relativement simple. Peu importe leur parfum ou leurs attributs particuliers (à votre choix), les crèmes corporelles se présentent principalement en deux textures : légère et onctueuse. Comme pour votre visage, le choix de la texture se fait en fonction de votre type de peau et de la saison.

## Les types de peau

Une peau sèche profitera davantage d'une crème onctueuse et nourrissante, qui pénétrera en profondeur. Et n'oubliez pas les régions rugueuses de vos genoux et de vos coudes, qui sont si souvent assoiffées ! Ces baumes ou crèmes plus épaisses laisseront en surface, un mince filtre hydratant qui protégera votre peau.

À l'opposé, une peau grasse bénéficiera davantage d'un fluide, d'un lait ou d'une lotion légère, qui pénétrera rapidement, sans laisser de trace.

En période de chaleur, les textures légères conviennent pour tous les types de peau.

## $ QUESTION DE PRIX

Un contenant de crème hydratante de base coûte de 5 $ à 45 $. Pourquoi cette variation de prix ? La règle est la même partout en cosmétiques. Les prix des soins varient en fonction de leur efficacité. Plus vous payez cher, plus votre crème pour le corps contiendra une forte proportion d'ingrédients actifs et naturels.

En général, les personnes qui ont la peau sèche auront intérêt à investir dans ce genre de produit, pour préserver le plus longtemps possible la santé de leur peau.

## *Pour soigner les affections de la peau*

Pour Kathleen, l'hiver est malheureusement synonyme d'eczéma. En plus de la neige et du froid, la saison amène sur ses jambes des croûtes de peau sèche qui la démangent. Ça pique ! Quelle torture ! Cet hiver, Kathleen s'est rendu compte que sa prescription faite par un dermatologue n'était plus renouvelable. Et pour voir son spécialiste, l'attente est de... trois mois ! Elle ne peut patienter tout ce temps sans risquer que ses démangeaisons la rendent folle ! Comme elle est cosméticienne, elle sait que le produit qui lui a été prescrit est disponible sans prescription, au rayon des soins dermocosmétiques. Deux semaines après se l'être procuré, Kathleen ne se grattait plus et avait presque retrouvé sa peau d'été.

## Les dermocosmétiques

Pour les affections de peau plus graves (réactions allergiques, irritations, eczéma), on trouve sur les tablettes, depuis quelques années, des soins dits «dermocosmétiques». S'ils ne règlent pas toujours un problème d'ordre médical, ils sont d'un grand secours durant les semaines ou les mois d'attente avant notre rendez-vous chez le dermatologue.

À mi-chemin entre le cosmétique et la dermatologie, les soins dermocosmétiques offrent des nettoyants pour la peau et des produits médicamentés souvent offerts sans prescription. Sans remplacer l'avis d'un spécialiste, ils peuvent donner de très bons résultats, dans certains cas, à condition de respecter le mode d'emploi.

# *La fermeté de la peau*

Plus on vieillit, plus la peau ferme nous est chère. Elle devient, avec les années, une denrée de plus en plus rare, et ô combien précieuse ! En vieillissant, les hommes comme les femmes acceptent mal la peau pendante, qu'il s'agisse de celle des bras, du ventre, du cou, des cuisses ou de la poitrine. Il faut dire que ces amas de tissus cutanés ne correspondent en rien aux images retouchées que nous renvoient de nombreuses publicités, symboles de beauté ! Mais vieillir, c'est normal ! Les tissus se relâchent, la peau devient inévitablement flasque par manque de collagène et d'élastine.

## • *Les crèmes*

Cela dit, on peut limiter les dégâts, avec des objectifs réalistes. Voici quelques solutions beaucoup plus douces que les liftings et autres chirurgies coûteuses ; toutes ces crèmes sont disponibles sur les tablettes. Elles vous aideront !

Leur nom comporte des attributs comme « gainant », « fermeté », « minceur », « drainant », « sculptant » ou « affermissant ». Et elles ont toutes pour but de redonner du tonus à votre peau.

**LE SAVIEZ-VOUS ?**
Masser votre peau (les trucs du pincé-roulé) aide aussi les parties du corps en perte de tonus. En plus d'activer la microcirculation sanguine, on permet une meilleure pénétration des soins.

De nuit ou de jour, certaines de ces crèmes sont faites pour le corps entier, alors que d'autres sont conçues pour une partie spécifique comme la poitrine ou le ventre (particulièrement pratique si vous venez de perdre beaucoup de poids). Rien ne sert d'en mettre partout, ce serait du gaspillage. Appliqués sur une base régulière, ces soins donnent des résultats en quelques semaines, dépendamment de la réceptivité de votre peau. Et comme ils sont bons pour le moral!

## Leur application

L'application des produits « raffermissants » demande généralement un peu d'efforts et de minutie. Il faut soit pincer, rouler, masser ou tapoter la peau sur toute la surface traitée. L'épiderme bénéficie énormément de cet éveil en douceur, qui aide le produit à pénétrer.

Avec chaque soin « fermeté », vous trouverez les recommandations du fabricant sur la meilleure méthode pour l'appliquer sur la peau. Chaque compagnie prône sa propre façon de faire, élaborée par ses experts maison (des massothérapeutes ou des dermatologues, par exemple). Utilisez-la! Elle a sa raison d'être!

##  QUESTION DE PRIX

Ici, on n'a pas le choix : il faut allonger les billets. Payer 5 $ pour un soin raffermissant ne donnera pas grand résultat. Pour ce type de produit, préparez-vous mentalement à payer au moins 30 $ par soin si vous voulez obtenir un changement qui vaut la peine. Ça reste moins cher qu'une chirurgie esthétique !

## ● *Les gaines*

Même si vous l'aimez bien, ça fait des lunes que vous n'avez pas porté votre robe noire. Vous n'osez pas. Aussi jolie soit-elle, cette petite robe laisse voir votre ventre et son léger relâchement, apparu à la suite d'une grossesse, d'une perte de poids ou d'un manque d'exercice.

Avant votre prochaine soirée mondaine, arrêtez-vous au rayon orthopédique de votre pharmacie. Vous y trouverez des gaines qui, le temps d'une soirée, camoufleront discrètement ce petit ventre un peu mou, moulé dans votre belle robe noire.

Mais attention : à moins d'avis médical contraire, les gaines ne sont pas faites pour être portées tous les jours, sous peine d'entraîner le relâchement de vos muscles abdominaux.

Puisque les gaines ne peuvent être portées tous les jours, un beau compromis s'offre à vous avec les bas culottes, mieux connus sous le nom de « top control ». Renforcés au niveau de la culotte, ils vous feront une silhouette de rêve sans vous faire subir les inconvénients de la gaine qui, à la longue, peut d'ailleurs entraîner un relâchement de vos muscles. Vous aurez aussi moins l'impression d'un « carcan » qui vous empêche de respirer.

## *La cellulite*

Bien qu'elle soit tout à fait normale, la cellulite nous plonge dans la déprime. Dans notre société où l'image règne en tyran, les bouts de peau bosselée sur nos cuisses, nos hanches et nos fesses sont devenus des symboles de paresse physique. Comme si l'on n'avait pas suffisamment de soucis comme ça! Il n'est pas donné à tous de se payer un entraîneur privé ou une esthéticienne à domicile. Mais après une grossesse, ou simplement en vieillissant, on peut avoir le goût d'améliorer l'apparence de ses jambes ou de son ventre. Si c'est votre cas, voici quelques façons simples d'y parvenir.

## *Les produits*

Comme il s'agit d'une mine d'or (eh oui!), plusieurs compagnies offrent des produits pour éliminer la cellulite. Le nom de certains soins fait directement référence à la chirurgie esthétique (exemple : lipo-modeleur), mais la plupart se nomment simplement « soin cellulite ». En ce domaine, il n'y a pas de bons ou de mauvais produits, peu importe son poids, sa taille ou l'effet de ses hormones. Tant que vous suivez rigoureusement leur mode d'emploi, vous devriez vous débarrasser, au moins en partie, de l'aspect « pelure d'orange » de votre peau en quelques semaines.

**LE SAVIEZ-VOUS ?**

La cellulite est une dysfonction typiquement hormonale. Il y a parfois un mélange de génétique et d'hygiène de vie, mais à l'occasion de nos règles, d'une grossesse, ou de la ménopause, on la voit encore plus.

## *Les soins appropriés*

Vous en confiez, des choses, à votre coiffeur. L'adage « seul son coiffeur le sait » n'existe pas pour rien. Les confidences que vous lui faites l'aident à mesurer votre personnalité, question de vous faire une coupe qui vous plaira.

Le lien avec la cellulite ? Pour que votre cosméticienne puisse vous recommander un soin approprié, vous devrez lui faire confiance. Mettez votre orgueil de côté et dites-lui tout : votre cellulite est-elle naissante? Due à une grossesse? Apparue graduellement? Et où se concentre-t-elle? Ce ne sera pas facile, mais vous ne le regretterez pas.

Si vous commencez un traitement contre la cellulite, donnez-vous au moins deux mois pour le tester à fond. Le mois de mars est idéal pour débuter, question d'être prête pour l'été. Appliquez-en deux fois par jour, ou selon les indications du fabricant. Le résultat devrait être visible à l'œil nu. Après quelques semaines, les capitons devraient avoir diminué. Dans le cas des cuisses plus volumineuses, on peut ressentir une nouvelle légèreté, puisque les « soins cellulite » favorisent la circulation sanguine tout en décongestionnant les cellules. Une fois le résultat atteint, une seule application quotidienne ou encore aux deux jours devrait suffire à le maintenir.

## L'application des produits

Comme pour les soins « fermeté », les cures contre la cellulite nécessitent un léger massage de la peau, appelé pincé-roulé, qui décolle les tissus graisseux et aide le soin à performer.

**TRUCS ET ASTUCES**

Le nerf de la guerre à la cellulite, c'est la constance. Si vous appliquez votre soin tous les jours, sans exception, vous ne pouvez que gagner la bataille. C'est une règle d'or!

Après avoir fait pénétrer votre crème, pincez votre peau juste au-dessus de votre genou. Avec vos deux mains, faites « rouler » votre peau avec des pincements successifs, un peu comme si vous faisiez remonter une bille jusqu'au haut de votre cuisse. Reprenez à l'intérieur et à l'extérieur de vos cuisses, de bas en haut. Le processus décollera les graisses, et en buvant au moins un litre d'eau par jour, on éliminera les toxines. En faisant tout ça, vous serez comblées !

Si vous n'aimez pas la technique du pincé-roulé, procurez-vous une brosse ou un gant de massage muni de petits crampons. Servez-vous-en pour frotter tous les jours vos zones de cellulite, sous la douche. Ce geste simple améliorera la circulation sanguine et délogera les petits amas de graisse aussi bien que le pincé-roulé. L'effet d'un gant ou d'une brosse est bénéfique même lorsque vous ne vous crémez pas !

**?**

*LE SAVIEZ-VOUS ?*

Les cures contre la cellulite peuvent favoriser... l'insomnie ! Environ 98 % des soins de ce type contiennent de la caféine, un ingrédient qui aide à drainer les surplus de graisse, mais qui a aussi des effets stimulants notoires. Si vous êtes sensibles au café en soirée, appliquez votre soin le matin, question de pouvoir vous endormir le soir.

## *Un peu de patience*

Quand on commence un traitement, il faut un peu de patience. Il est recommandé d'utiliser tout le contenant de la même crème, ou du même gel crème, deux fois de suite pour lui donner le temps de montrer son efficacité. En ce domaine, les compagnies n'offrent malheureusement pas de garantie de résultat et ne remboursent pas les insatisfaites. Si, après deux soins de la même marque, votre cellulite est toujours aussi apparente, changez de soin.

## $ QUESTION DE PRIX

Une cure contre la cellulite nécessite un certain investissement. Il faut s'attendre à payer chaque soin entre 30 $ et 90 $, dépendamment de sa quantité et de ses ingrédients. Pour des résultats plus rapides, payer plus cher est habituellement une bonne idée. C'est malheureux, mais c'est comme ça.

# Les vergetures

Les personnes de la génération Passe-Partout ont grandi avec le zèbre Alakazou, célèbre marionnette de l'émission pour enfants. Aujourd'hui dans la trentaine, rares sont celles qui n'ont pas au moins un point commun avec le sympathique animal. Lequel? Ses zébrures. La peau de la génération Y arbore de plus en plus de fines rayures ou, si vous préférez, d'infâmes vergetures. Ces fines démarcations linéaires apparaissent lorsque la charpente de la peau faiblit, souvent aux endroits où l'on a abusé de son élasticité (ventre, seins, hanches, cuisses). Les poussées de croissance, les grossesses et les prises ou pertes de poids rapides sont autant de causes possibles.

## Conseils pour femmes enceintes

Les mêmes soins servent à prévenir et à traiter les vergetures. Il est bien sûr beaucoup plus facile de les prévenir que de les éliminer. Voilà pourquoi les femmes enceintes auraient intérêt à crémer leur ventre, leurs hanches et leurs seins dès les premiers mois de leur grossesse, en appliquant un soin anti-vergeture deux fois par jour jusqu'à l'accouchement. Après, réservez ce soin aux zones

**TRUCS ET ASTUCES**
Vous aimeriez bien savoir si vous êtes sujette aux vergetures? C'est simple: demandez à vos sœurs, à votre mère et à vos grands-mères si elles en ont beaucoup. L'apparition des vergetures serait grandement liée à la génétique familiale.

de votre peau auxquelles votre bébé n'aura pas accès. Les seins sont particulièrement à éviter si vous allaitez.

Voici un autre conseil pour les femmes enceintes : évitez d'ouvrir la voie aux vergetures en vous grattant le ventre. Comme les vergetures se forment d'abord sous l'épiderme, elles apparaîtront plus rapidement si vous amincissez votre peau en vous grattant. Si vos démangeaisons sont en voie de vous rendre dingue, frottez-vous doucement le ventre avec une débarbouillette d'eau fraîche. Courage !

Avoir un bébé transforme nos seins en véritable usine à lait ! Si vous vous inquiétez des effets de votre future grossesse sur l'esthétisme de vos seins, mettez toutes les chances de votre côté. Commencez dès maintenant à les crémer, soit avec un soin fermeté, soit avec un soin contre les vergetures. Vous pourrez continuer à le faire tout au long de votre grossesse. Il n'y a que durant l'allaitement que vous devriez soustraire votre poitrine à ces soins, pour éviter que votre bébé en ingère. Mais vous pourrez reprendre dès que votre bébé passera au biberon.

## VRAI OU FAUX?

### • *L'huile d'amande douce, appliquée sur la peau, élimine les vergetures.*

**FAUX** C'est mieux que de ne rien mettre du tout. Par contre, l'huile d'amande douce donne des résultats moindres que les soins spécialisés, parce qu'elle ne pénètre pas assez en profondeur. De plus, elle est si grasse que vous aurez l'impression de vous être transformée en beurrier!

Actuellement il n'y a aucun soin sur le marché qui permet d'éliminer complètement des vergetures déjà présentes. Seules des corrections coûteuses au laser réussissent à enrayer ces zébrures indésirables. Mais tout n'est pas perdu. Appliqués localement et de façon assidue, les soins contre les vergetures peuvent réduire la taille des stries et leur redonner la même couleur que le reste de la peau. Des fabricants offrent des produits qui en font la preuve

# Les soins pour la poitrine

Aussi importante soit-elle, notre poitrine n'est soutenue que par une chose: la peau. C'est son soutien-gorge naturel. Protéger nos glandes mammaires et nos muscles pectoraux contre les effets de la gravité constitue toute une commande pour un organe aussi mince! Certaines compagnies offrent des crèmes pour le buste qui, utilisées à long terme, peuvent retarder l'apparition de flétrissures et le relâchement des tissus cutanés, apanage des poitrines volumineuses. Quant aux seins menus, ils peuvent aussi profiter de l'effet « tenseur » de ces soins, qui agit rapidement sur la texture de la peau.

## • Le rafermissement

Voici un truc qui ne vous prendra que deux minutes par jour, durant votre douche quotidienne, en regardant la télé ou même à un feu rouge, en voiture. En vous tenant bien droite, joignez vos mains à la hauteur de votre poitrine, à cinq ou six pouces de votre torse. La position ressemble à celle d'une prière. Et puis, poussez vos paumes l'une contre l'autre. Maintenez la pression 10 secondes (vous devriez sentir le travail des muscles de votre poitrine) et

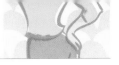

relâchez. Prenez 10 secondes de repos. Refaites le tout une dizaine de fois, chaque jour. C'est simple et très efficace pour gagner un peu de fermeté!

## ● L'hydratation

Votre crème hydratante ordinaire pour le corps peut très bien nourrir la peau de votre poitrine. Toutefois, cette région de votre épiderme est plus mince, plus délicate et riche en vaisseaux sanguins. Les plantes et les huiles essentielles des soins pour le buste tiennent compte de ces particularités. Ce sont pour la plupart des gels que l'on applique par un léger massage, de la base du cou jusque sous la poitrine. Ils agissent sur toute la surface du décolleté.

## $ QUESTION DE PRIX

Comme tous les soins « fermeté », les gels pour le buste ne sont pas donnés. On peut s'en procurer à partir d'environ 40 $ le contenant. Le peu de demande pour ces produits plus ou moins connus explique en partie leur prix élevé.

**• Les désodorisants qui contiennent de l'aluminium sont cancérigènes à long terme.**

FAUX Ce préjugé persistant est particulièrement inquiétant. Mais est-il fondé? Apparemment non, selon Santé Canada. Le ministère fédéral assure qu'il surveille «systématiquement les concentrations d'aluminium» dans les produits sur le marché canadien. Et que «jusqu'à présent, l'aluminium est considéré comme étant relativement non toxique». Ingéré à long terme, l'aluminium aurait fréquemment été cité comme cause possible non pas du cancer, mais de la maladie d'Alzheimer, mais sans grande certitude de la part des chercheurs. Santé Canada a entrepris des examens plus poussés sur la question. C'est donc un dossier à suivre...

## *Et les hommes?*

Grand gaillard sportif à l'air viril, Benoît ne jurait que par sa fameuse « barre » de savon pour hommes à la fausse odeur de fougère et de sentiers forestiers. Son savon vert et lui filaient le parfait bonheur... jusqu'au jour où de fines stries blanches sont apparues sur ses bras et ses jambes.

Quand il m'a demandé conseil, j'ai vite compris que son savon avait desséché sa peau. Je lui ai suggéré de se servir d'un gel douche hydratant avec une éponge moussante en microfibres de polymère. Benoît a tellement apprécié qu'il a renoncé à ses anciennes amours! D'autant plus que sa bouteille de gel douche est beaucoup plus pratique que son savon glissant, dans la chambre des joueurs de son équipe de hockey.

# 5

# Les soins des mains et des pieds

Quand on est bébé, les mains et les pieds sont mignons comme tout et attirent les compliments. Mais à l'âge adulte, ils sont trop souvent réduits au rôle d'outils et on les tient pour acquis. On oublie nos mains jusqu'à ce qu'elles nous démangent, asséchées par l'eau de vaisselle et les morsures du froid. Quant à nos pieds, on s'en occupe quand ils sont courbaturés par nos nouveaux talons hauts ou envahis par la corne.

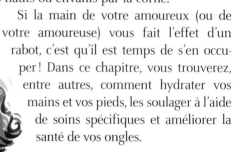

Si la main de votre amoureux (ou de votre amoureuse) vous fait l'effet d'un rabot, c'est qu'il est temps de s'en occuper ! Dans ce chapitre, vous trouverez, entre autres, comment hydrater vos mains et vos pieds, les soulager à l'aide de soins spécifiques et améliorer la santé de vos ongles.

# Les mains

Certaines crèmes pour les mains sont simplement hydratantes, mais d'autres font beaucoup plus. Les crèmes hydrofuges protègent sous l'eau, au point où vous sentez leur effet même après avoir lavé la vaisselle. D'autres encore hydratent tout en effaçant graduellement les taches brunes sur votre peau ou en apaisant des démangeaisons irritantes.

Bref, vous avez l'embarras du choix. Pour connaître leurs particularités, lisez les emballages. Et recherchez des ingrédients actifs naturels. Pour maximiser l'effet de votre crème, n'hésitez pas à utiliser un désincrustant (exfoliant) une fois par semaine. Vous en trouverez qui sont conçus spécifiquement pour nettoyer la peau des mains en profondeur.

# Les pieds

Le marché des crèmes pour les pieds offre un choix limité, loin d'être aussi élaboré que celui des crèmes pour les mains. Mais certains produits en valent la peine et donnent des résultats appréciables. Par exemple, il existe des crèmes qui réduisent la transpiration excessive des pieds, ce qui peut rendre un grand service! D'autres

**LE SAVIEZ-VOUS?**
Nos mains et notre cou sont les deux parties de notre anatomie qui trahissent le plus notre âge. Raison de plus pour en prendre soin!

crèmes préviennent l'apparition de corne ou adoucissent les pieds.

## *La corne et les callosités*

Sous la couette, vous avez l'impression que la personne qui est à vos côtés vous arrache la peau chaque fois qu'elle vous touche avec ses mains ou ses pieds rugueux comme du papier sablé? La corne et les callosités y sont d'une épaisseur digne d'un record Guinness? Ne désespérez pas. Voici comment régler ça.

Tout d'abord, trempez les pieds ou les mains dans un bain d'eau chaude durant une dizaine de minutes. (Jusquelà, c'est plutôt agréable.) Enlevez l'eau, séchez et (c'est là que ça se gâte) frottez vigoureusement avec une pierre ponce les parties envahies par la corne. Normalement, vous devriez voir tomber des pellicules de peau en petite neige ou en petits rouleaux. Et comme la corne est une peau morte sans terminaisons nerveuses, le processus devrait être sans douleur. Arrêtez de frotter quand ça devient sen-

sible : vous saurez alors que la corne a disparu et que vous avez atteint la peau.

Si vous n'en venez pas à bout la première fois, reprenez l'exercice quelques jours plus tard. Terminez ce traitement-choc en appliquant un exfoliant suivi d'une crème pour les pieds ou les mains. Voilà !

## Les douleurs articulaires

Aaaah ! C'est le soupir de bien-être que vous pousserez après votre premier bain à la paraffine. Ces bains n'ont pas leur pareil pour soulager les douleurs articulaires des mains et des pieds, les débarrasser de leur corne et les adoucir. Ils activent la circulation sanguine et procurent une sensation de détente. Et ils aideront les soins hydratants à mieux pénétrer si vous en enduisez vos membres avant le trempage.

 QUESTION DE PRIX

Les bains de paraffine sont offerts dans les salons de beauté, mais vous pouvez aussi en profiter à la maison. Certains produits sont munis de tous les accessoires nécessaires. Ils sont faciles à trouver dans les magasins à grande surface et les pharmacies.

**TRUCS ET ASTUCES**

Afin de prévenir ou de freiner l'apparition de taches brunes sur vos mains, enduisez-les de crème solaire quand vous passez beaucoup de temps dehors. Et pourquoi ne pas ranger un petit tube de crème dans le coffre à gants de votre voiture ? Lorsque vous ferez une longue randonnée, vous pourrez ainsi protéger vos mains qui, sur le volant, sont exposées aux rayons UV malgré le pare-brise.

Leur prix varie de 40$ à 140$. Si vous avez de grands pieds, assurez-vous que le bain est assez long. Certains, moins coûteux, ne vont pas aux femmes qui chaussent du 10 ou plus.

## Les ongles

Qu'ils soient trop fins, trop minces, mous, cassants ou jaunis, vos ongles peuvent être traités. Chacun des petits problèmes mentionnés correspond à un soin, que le défi consiste à durcir vos ongles, à vous empêcher de les ronger ou à les faire briller. La section qui leur est réservée prend presque autant de place que celle des soins pour les dents! La fonction de chaque produit est clairement indiquée sur son emballage.

Quel que soit votre soin pour les ongles, vous devez l'appliquer aux deux jours. C'est la règle d'or! Les ingrédients actifs de ces soins n'agissent plus au-delà de ce délai. Les bains, les douches, le savon à mains et l'eau de vaisselle en viennent à bout en 48 heures. Après deux jours, nettoyez vos ongles et appliquez à nouveau le soin. Et avant de baisser les bras, un peu de patience! Quelques semaines peuvent s'écouler avant qu'un résultat se manifeste.

## *Les cuticules*

Les cuticules empêchent parfois la croissance des ongles. En séchant, ces petits bouts de peau peuvent épaissir jusqu'à devenir de la corne.

Pour vous en débarrasser, procurez-vous un « soin cuticule » en crème ou en huile. Appliquez-en sur ces petits bouts de peau et massez doucement. Les cuticules devraient ramollir, ce qui vous permettra de les retirer avec une pince ou un petit ciseau. Ce soin fonctionne tant pour les ongles des pieds que pour ceux des mains.

### $ QUESTION DE PRIX

Les soins pour les ongles se vendent entre 5 $ et 20 $ le contenant, selon leur concentration d'ingrédients actifs.

### VRAI OU FAUX ?

#### • *Le vernis à ongles les fait jaunir.*

**VRAI** Le vernis appliqué régulièrement finit par donner aux ongles une teinte jaunâtre qui rappelle un peu l'effet disgracieux de la nicotine sur les doigts. Pour prévenir cela, appliquez une base translucide sous le vernis.

# 6

# Les poils
# et les cheveux

Si, pour certains hommes, pilosité est synonyme de virilité, pour la grande majorité des femmes nord-américaines, les poils constituent un véritable fléau! Sans compter qu'en vieillissant, le territoire des poils s'agrandit: ceux-ci gagnent le menton, les seins, le nez, la lèvre supérieure, y apparaissant effrontément, parfois du jour au lendemain. Et malheur à celles qui cèdent du terrain!

Les femmes ont le choix des armes pour faire la guerre aux poils. Mais qu'on les rase, qu'on les arrache ou qu'on les dissolve, les poils finissent toujours par repousser... à moins de dépenser une petite fortune pour de douloureux traitements au laser ou à l'électrolyse! Chaque méthode comporte ses ses avantages et ses inconvénients. À vous de choisir. Voici donc quelques trucs simples et efficaces pour faire reculer «l'ennemi».

## *Les jambes*

La bonne vieille « pioche » dont on se sert sous la douche ou la crème que l'on étend sur ses jambes, assise sur le bord du bain, sont les méthodes les moins coûteuses, les moins douloureuses et les plus rapides.

La crème dépilatoire dissout le poil à la surface de la peau, mais l'odeur n'est pas toujours agréable. Toutefois, le poil repoussera dans les 24 à 72 heures, ce qui constitue un désavantage majeur. C'est un éternel recommencement ! De plus, les peaux sensibles en souffriront.

La méthode des cires épilatoires demande plus de temps et d'énergie que les autres et est également plus douloureuse. Mais vous aurez la paix pendant deux ou trois semaines. Et, à long terme, votre poil sera plus fin et plus doux, donc plus facile à épiler ! Dites-vous que la première fois est la pire et installez-vous devant votre téléviseur durant votre émission préférée. Ça vous aidera à supporter l'inconfort !

**LE SAVIEZ-VOUS ?**
Il existe sur le marché des soins qui freinent la repousse des poils. Ils coûtent entre 10 $ et 20 $ le contenant. Toutefois, sachez que leur efficacité laisse parfois à désirer.

105

# *La cire épilatoire maison*

Faire sa propre cire épilatoire est facile et peu coûteux. Il suffit d'y mettre un peu de temps et de pratique. Vous trouverez sur Internet plusieurs recettes à base de sucre en tapant les mots « recette cire dépilatoire ». Ces cires au sucre, entièrement biodégradables, se vendent aussi toutes faites. Voici une recette particulièrement simple, dénichée sur le site du magazine féminin **www.orientale.fr** :

## ● *Comment faire la cire*

### *Les ingrédients*

- 50 g de sucre en poudre
- 150 ml d'eau
- Le jus d'un demi-citron
- 1 cuillère à soupe de miel

Faites caraméliser le sucre en poudre et l'eau en les mélangeant à feu doux dans une casserole. Lorsque la mixture ressemble à du caramel, versez-en une gouttelette sur une planche à découper en plastique ou sur une assiette de céramique. Vous saurez qu'elle est prête si sa forme est bombée et que vous pouvez la pren-

dre entre vos doigts, comme une pâte. Ajoutez au mélange quelques gouttes de jus de citron et le miel. Mélangez bien. Versez le mélange pâteux sur votre planche ou votre assiette. Ne vous brûlez pas!

Laissez-le refroidir un peu, jusqu'à ce que sa température ressemble à celle de votre corps (environ 37 degrés Celsius). Pétrissez ensuite votre boule de caramel pour qu'elle soit souple et collante. Si vous ne réussissez pas du premier coup, donnez-vous le temps. Obtenir la consistance idéale peut nécessiter quelques essais, surtout si la cuisine n'est pas votre point fort!

## ● *Comment s'en servir*

Pour chaque zone à épiler, formez une boule de taille moyenne. Étalez la boule de cire sur votre peau de haut en bas. Ça devrait très bien coller! Ensuite, dans le sens contraire de la pousse des poils, soulevez la pâte d'un coup sec. Utilisez la même boule de cire jusqu'à ce qu'elle soit recouverte de poils avant de la jeter.

## • La touche finale

Lavez la zone épilée avec de l'eau tiède et un nettoyant sans savon. Séchez bien votre peau en la tapotant avec une serviette. Et voilà, le tour est joué! S'il reste un peu de cire, un peu d'huile enlèvera l'excédent.

### Les bandelettes pré-enduites

Si vous aimez les résultats de l'épilation à la cire, mais que vous trouvez le processus trop fastidieux, cette méthode est peut-être pour vous. Vous trouverez des bandelettes pré-enduites de cire. Adieu, spatule et petit pot de cire chaude! Mais comme rien n'est jamais parfait, ces bandelettes coûtent plus cher. Un paquet se vend de 7 $ à 15 $. Et il ne servira, la plupart du temps, qu'à une seule utilisation, en raison du peu de cire sur les bandelettes.

## *L'épilateur électrique*

Sans cire et relativement rapide, cet outil est toutefois super douloureux, car il arrache les poils en profondeur. Certaines femmes refusent catégoriquement de s'en servir. Mais si votre peau est plutôt endurcie, vous apprécierez peut-être ses avantages. Contrairement à l'épilation à la cire qui requiert que le poil ait une certaine longueur, l'épilateur électrique peut être très efficace pour des poils n'ayant que 2 mm de longueur.

En ce qui concerne les régions plus sensibles, comme les aisselles et l'aine (bikini), les mêmes méthodes s'appliquent pour faire disparaître les poils disgracieux et superflus. L'usage est le même pour le rasoir. Quant à la crème dépilatoire, il est préférable d'utiliser une formule douce. Pour ce qui est de la cire, surtout à vos débuts, privilégiez celle qui porte la mention « pour régions ou peaux sensibles ». Idem pour les petites bandelettes pré-enduites de cire.

À la limite, on peut se faire les jambes avec un rasoir à 3 $ et un savon à 1 $ pièce.

Un contenant de crème dépilatoire coûte moins de 20 $, ce qui n'est pas mal non plus.

Plusieurs compagnies offrent des cires épilatoires aux prix et aux odeurs variés. Un ensemble complet (100 ml à 200 ml de cire, des bandelettes et une spatule) ne devrait pas vous coûter plus de 40 $ et vous pourrez en trouver pour aussi peu que 15 $.

Un paquet de bandelettes pré-enduites de cire se vend de 7 $ à 15 $.

Un bon épilateur électrique coûte entre 60 $ et 130 $, selon les marques. Vous devriez en trouver en pharmacie ou dans les magasins à grande surface.

## Les après-rasages

Après le rasage, assurez-vous de nettoyer (exfolier) votre peau et de la réhydrater avec des soins très nourrissants. Cela évitera l'apparition de poils incarnés et de petits boutons à tête blanche. Une bonne exfoliation est particulièrement de mise dans le cas de l'épilation à la cire.

Qu'il s'agisse de crème ou d'huile, les soins après-rasage de qualité contiennent fréquemment de l'azulène. Cet extrait de fleurs de camomille a un effet calmant, adoucissant et anti-inflammatoire. Recherchez-le!

Par ailleurs, si votre traitement au laser ou d'électrolyse vous fait beaucoup souffrir, demandez à votre pharmacien une crème contenant de la lidocaïne, offerte sans prescription. Cet anesthésique insensibilise partiellement la peau, pour une courte période, diminuant la douleur en attendant qu'elle s'atténue d'elle-même.

## VRAI OU FAUX?

### • *Une lotion à base d'alcool est excellente pour la peau fraîchement rasée.*

**FAUX** Cette croyance est particulièrement courante chez les hommes, qui ont pris l'habitude de se tapoter le visage avec une lotion après-rasage à forte teneur en alcool, qui leur procure un effet de fraîcheur. Mais puisqu'il peut brûler ou irriter la peau (sans compter son odeur trop forte pour être agréable), l'alcool est loin d'être idéal. Qu'il s'agisse du visage d'un homme ou des jambes d'une femme, un soin post-épilatoire approprié est préférable, parce que plus doux. À la limite, une crème hydratante conçue pour la zone épilée ou rasée fera l'affaire.

## *Les sourcils*

Comme chaque partie du corps, les sourcils ont une fonction. Ils servent à minimiser le volume de poussières pouvant atteindre les yeux. Raison de plus pour s'en laisser quelques-uns quand on s'épile. L'épilation à la pince effectuée sur une base régulière risque de faire disparaître les poils à jamais, à long terme. Si cela peut être souhaitable pour les jambes, ça l'est moins pour les sourcils. Une femme ou un homme sans sourcils paraît quelque peu dénaturé. Il vaut donc mieux s'épiler les sourcils avec soin.

### • *Comment les dessiner*

Prenez un crayon assez mince (en bois, par exemple) et regardez-vous dans le miroir. Pour savoir jusqu'où vous devriez épiler la partie intérieure de votre sourcil, placez votre crayon à la verticale juste au-dessus de votre ouverture de narine. Et arrachez délicatement tout ce qui est au-

dessus de votre nez, jusqu'à cette limite.

Pour ce qui est de la limite extérieure, placez votre crayon en diagonale de façon à ce qu'il relie votre narine et le coin extérieur de votre œil. Vous pouvez vous permettre d'enlever les poils qui dépassent le bout du crayon. Mais pas au-delà!

Quant à l'épaisseur du sourcil, allez-y selon vos goûts. Cependant, il est toujours préférable que le sourcil garde au moins sa courbe naturelle. Enlevez simplement les poils en dessous et au-dessus de cette ligne.

## *La moustache*

Il y a de l'espoir (et de bons produits) pour celles qui désirent se débarrasser du duvet qui recouvre leur lèvre supérieure. Certaines compagnies ont mis sur le marché des bandelettes pré-enduites de cire, spécialement conçues pour cette région sensible, facilement irritable. Pour éviter les surprises, assurez-vous de suivre les instructions à la lettre. La cire pourrait finir par avoir le dessus sur votre fine «moustache», dont la repousse devrait être de moins en moins visible avec le temps. Et encore une fois, n'appliquez jamais de crème dépilatoire sur votre visage.

Au lieu de les épiler, certaines femmes préfèrent pâlir les poils au-dessus de leur lèvre supérieure. Elles utilisent des décolorants pour les poils du visage, que l'on trouve en pharmacie. Mais, il y a un «mais». En plus de donner une teinte blond-blanc au duvet, le produit chimique peut parfois décolorer la peau elle-même, ce qui est loin de passer inaperçu par la suite. Il faut donc utiliser ces décolorants avec prudence.

## Le menton

La pince à épiler est tout indiquée pour les poils épars du menton. Toutefois, si votre pilosité est forte sur le bas de votre visage, vous pouvez également utiliser de la cire à épiler et des bandelettes. Mais oubliez la crème dépilatoire, qui peut s'avérer nocive pour la peau plus fragile du visage.

### La pince à épiler

Si le chien est le meilleur ami de l'homme, la meilleure amie de la femme de 30 ans et plus est sans contredit... sa pince à épiler! Que ferait-on sans elle? Le petit outil a l'air insignifiant, mais il est d'une importance capitale dans notre quotidien esthétique. Il nous sauve la vie en

*" La Providence a mis du poil au menton des hommes pour qu'on puisse de loin les distinguer des femmes. "*

– Le philosophe Épictète

nous débarrassant d'un poil gênant qui s'est donné la permission de pousser sur notre menton durant la nuit. Il existe plusieurs types de pinces à sourcils, selon vos besoins et vos goûts: à bout biseauté, carré, pointu ou rond. Chacune est plus ou moins bonne, selon votre façon de faire. Si votre pince n'arrache pas facilement vos poils, essayez un autre modèle.

## $ QUESTION DE PRIX

Une pince de qualité peut coûter jusqu'à 30 $. Pourquoi devrait-on payer plus de 5 $ pour une petite pince de rien du tout ? Premièrement, les pinces plus coûteuses (15 $ et plus) viennent avec une garantie (mentionnée sur leur emballage) qui vous permettra de les faire affûter gratuitement, à condition d'avoir gardé le coupon de caisse et l'emballage. Ensuite, les pinces de moindre qualité (à 5 $ ou moins, par exemple) sont souvent recouvertes d'une peinture argentée qui s'effrite avec le temps, laissant prise à la rouille et aux impuretés.

# Les cheveux

Vous arrive-t-il d'avoir un « *bad hair day* » ? C'est ainsi que les Américaines désignent, en soupirant, leurs journées de « cheveux moches ». On donne beaucoup de pouvoir à nos cheveux, pour le meilleur et pour le pire. Ils déterminent parfois à eux seuls comment débutera notre journée.

Sont-ils rebelles ou faciles à placer? Votre repousse, votre toupet ou vos cheveux gris vous tombent-ils sur les nerfs? Nos cheveux nous préoccupent constamment. Et il y a de quoi! Ils en disent tellement long sur nous-même... Vous trouverez ci-dessous quelques façons, parfois surprenantes, d'en prendre soin et de les mettre en valeur.

## Les colorations maison

L'espace qui est réservé aux colorations capillaires dans les pharmacies et grandes surfaces, est aussi grand qu'une roulotte: un mur, une péninsule, un cap de petites boîtes de colorants s'offrent à celles qui veulent un changement de look instantané, pour une

douzaine de dollars (ou même moins). Et ces présentoirs ne sont pas aussi grands pour rien!

Contrairement à la croyance populaire, les colorations maison offertes sont de très bonne qualité. Et pour cause: elles sont conçues par les fabricants des colorations professionnelles offertes en salon! Un très grand nombre de femmes leur font confiance.

Dans les différents points de vente, vous avez un choix limité de couleurs, tandis qu'en salon, votre coiffeur a un choix illimité, puisqu'il mélange lui-même le produit. Voilà la plus grande différence entre les deux! La plupart du temps, il vous sera donc impossible de retrouver en magasin la couleur que vous aura concocté votre coiffeur ou votre coiffeuse, ce qui vous condamnera à retourner dans son salon pour obtenir la même teinte deux fois de suite.

**?**

### LE SAVIEZ-VOUS?

Les colorations maison, comme beaucoup de produits maintenant, sont jetables et non réutilisables! Une fois mélangés, les produits chimiques de votre crème colorante ne peuvent pas être conservés, même au réfrigérateur. Vous devez jeter le mélange, même si vous n'en avez utilisé que la moitié. Par contre, rien ne vous empêche de ne mélanger que la moitié des produits, si vous savez que la quantité réduite suffira.

## Les blondes

Lorsqu'elles sont déprimées, certaines femmes se tournent vers... une teinture blonde! Non, ce n'est pas une blague. En plus de faire tourner les têtes, satisfaisant les petits besoins d'attention, le blond rajeunit presque toutes les femmes, même celles qui ont les traits durs. Demandez à votre coiffeur, il vous le dira! Le blond éclaire les traits du visage, ce qui en fait la couleur fétiche des présentatrices de nouvelles américaines. Essayez-le, vous verrez bien! Mais la première fois, au lieu de le faire vous-même, demandez à votre coiffeur de vous blondir, pour éviter les mauvaises surprises. Le blond est en effet la coloration la plus difficile à réussir à la maison.

## Truc de grand-mère

Voici un petit remède de grand-mère bien pratique, à appliquer la veille de sa coloration capillaire, pour aider la couleur à « prendre » ou à s'accrocher à vos cheveux.

La veille de votre rendez-vous chez le coiffeur ou de votre séance de coloration maison, concoctez-vous un masque aux œufs. Comment ? Mélangez un jaune d'œuf, une pincée de poudre d'amandes et une cuillerée à thé d'huile de lavande, d'amande douce ou d'abricot. Enduisez vos cheveux de ce mélange juste avant d'aller vous coucher. Le matin du jour « J », rincez vos cheveux à l'eau froide (question de ne pas cuire le jaune d'œuf !) avant de les teindre... Et voilà ! Votre nouvelle couleur devrait avoir plus d'éclat.

## *Les colorations capillaires trop fréquentes*

Les colorations capillaires sont moins dommageables qu'avant, mais elles peuvent quand même faire souffrir vos cheveux si vous les utilisez trop fréquemment. Se teindre la crinière plus d'une fois par mois risque de l'assécher grandement et de lui donner un petit coup de vieux. Freinez vos ardeurs ! Colorez vos repousses aux trois semaines, mais attendez plus longtemps pour retremper toute votre tête dans les produits chimiques.

**TRUCS ET ASTUCES**

Employez un décolorant pour pâlir vos cheveux lorsqu'ils sont plus foncés que la couleur que vous souhaitez leur donner. Autrement dit, avant d'utiliser sa coloration blonde, une brunette n'a pas le choix de se décolorer la crinière, sans quoi elle risque de devenir... rousse !

## La perte de cheveux

Que vous soyez un homme ou une femme, vous ne devriez pas perdre plus d'une centaine de cheveux par jour. Au-delà de ce nombre, il est raisonnable de consulter un médecin ou un dermatologue. Prévenir la perte des cheveux qu'il nous reste est beaucoup plus facile que de stimuler leur repousse!

Mais en attendant votre rendez-vous, vous trouverez, dans la section dermo-capillaire, des shampoings, traitements et capsules vitaminés qui peuvent aider votre cuir chevelu à garder le plus possible sa population pileuse. Certaines cures peuvent aussi freiner l'évolution de la calvitie, qu'elle soit prématurée ou non. Demandez-les à une cosméticienne.

## VRAI OU FAUX?
### • Se laver les cheveux souvent entraîne une plus grande perte de cheveux.
**FAUX** Ce n'est pas nécessairement le cas. Il est vrai qu'on ne devrait pas se laver les cheveux plus de deux ou trois fois par semaine, mais ce n'est pas pour éviter la perte de cheveux. C'est plutôt pour ne pas causer d'assèchement. Plus on lave notre chevelure souvent,

> « Dieu est impitoyable : il vous enlève les poils de la tête pour vous les replanter dans les oreilles. »
>
> – L'acteur américain Bruce Willis

plus on la prive de son hydratation naturelle, qui est la meilleure qui soit. Ainsi, les cheveux perdent alors leur souplesse et leur éclat.

## Les pellicules

La plupart des produits antipelliculaires sur les tablettes d'épicerie ou de pharmacie ne contiennent pas ou presque pas d'ingrédients médicinaux traitant les vrais problèmes de pellicules. Ne vous surprenez donc pas si vous trouvez encore de la petite «neige blanche» sur vos épaules après leur utilisation. C'est normal. Ces shampooings peuvent dépanner, mais n'enrayeront pas le problème. Afin de venir à bout des pellicules, il vous faudra investir un peu plus pour des shampoings sur les tablettes de la section dermo-capillaire ou laboratoire des pharmacies.

**LE SAVIEZ-VOUS?**

Si deux compagnies différentes offrent la coloration blonde «Brise du printemps», ça ne veut surtout pas dire qu'elles seront de la même couleur. Même si les noms peuvent être les mêmes, les couleurs changent d'une compagnie à l'autre. Ne vous faites pas prendre!

## • Les shampoings et revitalisants

### VRAI OU FAUX?

#### • Un shampoing peut «réparer» un cheveu «cassé» (dont le bout se divise).

**FAUX** Les fabricants aiment bien laisser entendre que leurs produits capillaires peuvent réparer des cheveux cassés et redonner à la chevelure un aspect lisse et soyeux. Mais ce n'est pas le cas. Le seul outil qui peut venir à bout d'un cheveu cassé, c'est une paire de ciseaux.

Par contre, vous pouvez prévenir le problème en utilisant des produits nourrissants pour protéger et renforcer vos cheveux. Si ceux-ci se mêlent facilement, songez à vous équiper d'un soin démêlant, qui vous aidera à venir à bout de vos nœuds sans casser vos cheveux.

 **QUESTION DE PRIX**
Dépenser 7 $ pour un shampoing pour enfants n'a rien d'extravagant. Les shampoings spécialisés pour les tout-petits sont plus doux pour leur cuir

chevelu et vous éviteront des crises de larmes s'il leur en coule dans les yeux. Un bon investissement pour votre paix familiale.

Pour les autres shampoings et revitalisants, vous trouverez quelque chose de très bien entre 5 $ et 18 $ la bouteille. Surveillez aussi les circulaires !

## VRAI OU FAUX ?

### • *Les bouteilles de shampoing et revitalisant «2 en 1» sont aussi efficaces qu'utilisés séparément.*

**FAUX** Les produits capillaires « 2 en 1 » peuvent très bien dépanner, mais ils ne seront jamais aussi bénéfiques que s'ils étaient utilisés séparément. Quoi qu'en disent les messages publicitaires, sachez que, combiné à un revitalisant, un shampoing perd de son efficacité, et vice-versa.

Les « 2 en 1 » dans des bouteilles vertes sont particulièrement populaires auprès des hommes, qui gagnent du temps en combinant deux étapes de leur douche quotidienne. Mais ils auraient eux aussi intérêt à utiliser un revitalisant, qui sera plus doux. Après tout, les cheveux d'hommes et de femmes ont les mêmes besoins !

# 7

# Les soins solaires

# Le soleil : ami ou ennemi ?

Selon la Société canadienne du cancer, l'exposition au soleil et le teint clair sont les deux plus grands facteurs de risque du cancer de la peau. Mais les véritables fauteurs de troubles, ceux qui vous obligent à vous enduire de crème solaire, ce sont les rayons UVA et UVB du soleil.

Les premiers sont les plus redoutables. Les UVA accélèrent le vieillissement (plis, taches pigmentaires, flétrissement) et favorisent le développement du cancer et des allergies cutanées.

Les UVB s'attaquent à la couche supérieure de la peau et la rougissent. Et si on leur donne trop longtemps le champ libre, les UVB fragiliseront le système immunitaire et pourront aussi causer un cancer.

Cependant rassurez-vous : bronzer sans brûler, c'est possible !

## VRAI OU FAUX?

### *On peut attraper un coup de soleil quand le ciel est couvert.*

**VRAI** Jusqu'à 80 % des rayons du soleil peuvent traverser les nuages et le brouillard.

## *Les peaux à risque*

Règle générale, plus votre teint est clair, plus vous aurez besoin d'une crème au facteur de protection solaire (FPS) élevé. Mais ça ne veut pas dire que les personnes à la peau foncée ne sont pas à risque! Avec l'érosion de la couche d'ozone, tout le monde a intérêt à s'enduire de crème...

| Type | Teint | Sensibilité | Bronzage | Risque de cancer |
|------|-------|-------------|----------|------------------|
| I | Très clair | Élevé - Rougit | Brûle facilement | Élevé |
| II | Clair | Forte | Brûle modérément | Élevé |
| III | Moyen | Moyenne | Brûle légèrement | Modéré |
| IV | Foncé | Faible | Brûle rarement | Faible |
| V | Très foncé | Assez faible | Ne brûle jamais | Faible |

# Le choix d'une crème solaire

L'été, les tablettes de crèmes solaires des magasins se transforment en murailles multicolores. Comment choisir? FPS, textures, prix, en vaporisateur, avec ou sans huile, hydrofuge, antirides... On se sent dépassé. On ne veut pas payer trop cher, mais on veut être bien protégé...

Pas de panique! Voici quelques repères pour vous éclairer.

## • Les facteurs de protection solaire (FPS)

S'acheter une crème solaire, c'est s'acheter du temps au soleil. Peu importe leur marque, leur prix ou leur qualité, toutes les crèmes solaires en vente au Canada affichent un FPS bien visible sur leur contenant. Au Québec, pour être sans inquiétude, il faut choisir un FPS d'au moins 30. Sans baignade ni transpiration excessive, on devra remettre une crème adéquate aux deux heures.

# • *Les quantités*

Une personne de taille moyenne devrait étendre l'équivalent d'une demi-balle de golf de crème sur les zones de peau exposées au soleil. Si vous utilisez un soin en vaporisateur, vous aurez besoin de 15 à 20 pressions pour couvrir votre corps. Appliquez la même quantité sur la peau des enfants. Pour les hommes, c'est un peu plus.

## VRAI OU FAUX ?

### • *Les crèmes solaires empêchent de bronzer.*

**FAUX** Si l'application d'une crème solaire ralentit le bronzage, elle ne l'empêche pas ! Sachez aussi que plus le FPS est élevé, moins le bronzage sera superficiel et plus il sera durable.

## Les ingrédients

Une bonne crème solaire contiendra au moins un des ingrédients énumérés ci-dessous. Cherchez-les sur les étiquettes !

- Oxyde de zinc
- Dioxyde de titane
- Parsol
- Mexoryl
- Tinosorb (nouveau sur le marché)

129

• Octocrylène

Ces ingrédients garantissent le rendement d'un soin solaire.

Les compagnies réputées ajouteront certains ingrédients naturels, comme l'eau thermale, le phyto-sunactyl (plantes) ou le plancton thermal, éléments qui offrent une protection supplémentaire et qui aideront à renforcer la protection naturelle de votre peau.

## VRAI OU FAUX?

### • Un soin solaire hydrofuge peut résister à l'eau.

**VRAI** Dans un lac d'eau claire. Mais la protection sera diminuée dans une piscine, en raison de l'effet abrasif du chlore. Le sel de mer a les mêmes propriétés. Après une baignade de 30 minutes dans de l'eau salée ou chlorée, une nouvelle application sera requise. Quant aux crèmes qui résistent à la sueur, il est préférable d'en répéter l'application après un maximum de 90 minutes de transpiration abondante, peu importe son FPS.

**TRUCS ET ASTUCES**

Appliquez votre crème solaire 20 minutes avant de vous exposer aux rayons du soleil et 20 minutes après l'exposition. La deuxième application stabilisera le produit sur votre peau.

## *Les plus efficaces*

On parle ici de ces crèmes qui laissent un filtre blanchâtre sur la peau. Elles portent souvent la mention « pour peaux sensibles » et sont les plus efficaces en ce qui concerne la protection, puisque leurs microparticules bloquent tous les rayons nocifs.

Le problème avec ces crèmes, c'est qu'en plus de laisser des traces blanches qui tachent les vêtements, le dioxyde de titane (ou oxyde de titane) qu'elles contiennent peut donner la fausse impression de boucher les pores de la peau.

## *Les plus populaires*

Beaucoup plus confortables que leurs consœurs, les crèmes dites « chimiques » ne laissent aucun filtre après leur application. Avec elles, la peau respire ! Toutefois, ces crèmes ne bloquent pas les rayons UVA et UVB ; elles convertissent plutôt les rayons UV en chaleur par un effet chimique. Ce procédé ne suffit pas toujours aux peaux sensibles ou à celles qui ont tendance à se flétrir prématurément.

**LE SAVIEZ-VOUS ?**
Une peau qui, pendant l'enfance, a été surexposée au soleil en subira les conséquences au début de l'âge adulte : vieillissement prématuré, apparition de taches pigmentaires abondantes, grande sensibilité au soleil...

## ● *Pour les tout-petits*

Dans leur cas, mieux vaut oublier les crèmes bon marché. Tournez-vous plutôt vers les crèmes haut de gamme pour enfants (15 $ et plus la bouteille). Et n'hésitez pas à opter pour le dioxyde de titane qui offre une protection supplémentaire.

## ● *Pour le nez*

C'est un roc! C'est un pic! C'est un cap... Et il est blanc. Le nez est mieux protégé par une crème « physique », épaisse et crémeuse, qui laissera un filtre blanchâtre.

**LE SAVIEZ-VOUS?**
Votre crème de jour qui contient un FPS n'est pas conçue pour l'exposition au soleil. C'est une protection légère qui convient pour les allers-retours d'une journée de magasinage, mais elle ne tiendra pas le coup à la plage.

## $ QUESTION DE PRIX

Méfiez-vous des crèmes solaires haut de gamme vendues à des coûts moindres qu'en pharmacie. Il arrive souvent que ces soins ne soient pas conformes aux normes canadiennes. Cherchez le logo en forme de losange de l'ACD ou encore le code DIN (*Drug Identification Number*) qui authentifie la valeur juste du facteur de protection solaire (FPS).

Pour 15 $ vous aurez de bonnes crèmes «photostables», qui ne se dégraderont pas au contact des rayons du soleil.

Pour 20 $ et plus, vous aurez des crèmes plus haut de gamme, qui protégeront amplement votre peau.

Pour 30 $ et plus, les soins restaureront votre peau en plus de la protéger.

## *Le coup de soleil*

En cas de coup de soleil, réagissez! Hydratez votre peau de soins spécifiques après-soleil. Plus vite vous agirez, plus vite vous serez soulagé.

À son retour de vacances, Catherine est venue me consulter avec le visage et le haut du dos rouges comme un homard. La brûlure était si intense qu'elle supportait à peine ses vêtements.

Après l'avoir rassurée, je lui ai recommandé de vaporiser une brume thermale là où ça chauffe. Il s'agit d'un vaporisateur d'eau contenant des ingrédients qui apaiseront la douleur en réhydratant la peau. Je lui ai ensuite conseillé d'éponger délicatement, puis d'appliquer un lait «après-soleil» réparateur.

**TRUCS ET ASTUCES**

Avant et pendant une sortie en plein air, employez une bonne crème solaire plutôt que votre crème de jour habituelle. Elle la remplacera efficacement, surtout si elle contient des ingrédients anti-âge.

## Des soins supérieurs

Ils s'appellent « brume apaisante », « lait réparateur », « soins après-soleil » et « spécial coup de soleil ». Ces soins super efficaces diminueront la douleur causée par les coups de soleil et referont la barrière cutanée plus rapidement.

Par ailleurs, nous retrouvons souvent de l'aloès dans plusieurs soins après-soleil, avec d'autres ingrédients actifs. Cette plante provient de pays chauds et secs. À l'état pur, le suc extrait de ses feuilles est à la fois cicatrisant, hydratant, calmant et régénérant.

## VRAI OU FAUX?

### La vaseline ou le beurre sont des remèdes efficaces contre les coups de soleil.

**FAUX** Le beurre nourrit la brûlure au lieu de la guérir, tandis que la vaseline ralentit la guérison de la peau. À éviter!

**TRUCS ET ASTUCES**

Avant de vous rendre à votre 5 à 7, ajoutez deux petites gouttes d'autobronzant à votre soin de jour. Mélangez le tout et appliquez sur votre peau. Attendez deux minutes avant de compléter votre mise en beauté habituelle. Le tour est joué!

# *Un bronzage instantané*

Les lotions, crèmes et laits autobronzants sont de plus en plus populaires. Ces soins qui activent la mélanine de la peau font fureur, et ils constituent une option facile et saine pour avoir un beau teint sans risque. Mais ils ne plaisent pas qu'aux gens pressés! Ils sont aussi parfaits pour les peaux sensibles.

Il existe des comprimés (que l'on utilise par voie orale) pour activer la mélanine de la peau afin de lui donner un joli hâle. Vous en trouverez dans les sections cosmétiques ou des produits naturels.

## *Les démarcations*

Un matin en se levant, Cassiopée a eu un choc quand elle s'est vue dans son miroir. Elle avait une démarcation causée par son autobronzant... en haut du front, juste à la racine des cheveux! Horreur!

Je lui ai proposé un exfoliant et lui ai dit de frotter! En quelques minutes, tout était rentré dans l'ordre.

Vous êtes aux prises avec une tache d'autobronzant sur la peau et vous n'avez pas d'exfoliant? Coupez un citron et frottez la tache. Elle finira par disparaître.

135

## Les textures

En gels, comme ils sont à base d'eau, les soins autobronzants sèchent rapidement et conviennent aux peaux grasses.

En lotions, les autobronzants sont fluides et pénètrent facilement la peau. En crèmes, ils sont onctueux et parfaits pour les peaux sèches.

**Attention!** Comme pour les crèmes solaires, certains soins autobronzants sont conçus pour des parties du corps spécifiques (visage, jambes, corps). Si le contenant n'en fait aucune mention, vous pouvez prendre pour acquis que le soin convient à tout le corps.

## VRAI OU FAUX?

### • Les autobronzants donnent un teint orangé.

FAUX Il est important de ne pas en abuser et d'éviter de les utiliser un trop grand nombre de jours consécutifs. De plus, l'application de ces soins requiert un nettoyage de la peau et une légère exfoliation préalables afin d'éliminer les petites cellules mortes à la surface qui, elles, pourraient devenir orangées.

## *Un bronzage en cabine*

Si vous passez plus de cinq minutes sur un lit de bronzage, appliquez de la crème solaire. Les appareils de bronzage émettent de deux à cinq fois plus de rayons UVA que le soleil.

## *Pour hommes*

Il existe des autobronzants destinés exclusivement aux hommes. Comme leur peau est malmenée par les rasages fréquents, un soin a été adapté pour eux et gagne vraiment en popularité !

Afin que monsieur applique de la protection solaire, optez pour les soins offerts en vaporisateur, parce que ceux-ci sont plus fluides. Les hommes les préfèrent aux crèmes pour la facilité à les étendre sur leur peau poilue.

# 8

# Le maquillage

La plupart des femmes qui sont sur le marché du travail ont peu de temps pour se maquiller le matin, entre la douche, le déjeuner avalé à la sauvette, les enfants qui rechignent et l'autobus qui n'attend pas. Si tel est votre cas, ou si vous n'avez tout simplement pas le goût de suivre un cours sur le sujet, ce chapitre expose une façon simple et rapide d'obtenir un maquillage qui vous mettra en valeur à tous coups, que vous soyez en forme ou que vous ayez passé la nuit sur la corde à linge!

## *Les quatre fantastiques*

La base d'un maquillage réussi comporte quatre éléments: un fond de teint, un anticernes, une poudre compacte et un fard à joues. Avec eux, vous êtes bien équipée. L'étape la plus difficile: leur sélection. Il est crucial d'utiliser les bonnes couleurs pour vous et votre teint. Ensuite, les appliquer chaque matin vous prendra un petit cinq minutes. Un vrai jeu d'enfant!

Il ne vous restera plus qu'à ajouter un mascara et votre brillant à lèvres. Dans ce qui suit, vous trouverez toutes les informations pour choisir les éléments du maquillage quotidien, selon vos goûts et votre budget.

## ÉTAPE NUMÉRO 1:
# *Le fond de teint*

Toile de fond de tout beau maquillage, le fond de teint unifie la couleur de votre visage, le rend plus lumineux et lui donne une allure plus saine en dissimulant de petites imperfections. Plus coûteux, certains fonds de teint comportent en plus des soins particuliers (antirides, anti-acné).

## *Le choix*

Mettez votre petite gêne de côté: c'est le temps de choisir la couleur de votre futur fond de teint! Ici, pas question de le tester ailleurs que directement sur votre visage. Le faire sur sa main est plus discret et moins gênant, mais comporte un risque d'erreur élevé. La couleur du produit doit être identique à celle de la peau de votre visage.

Pour trouver la teinte idéale en magasin, vous devez tester le produit au niveau de la mâchoire, puisque c'est l'endroit où se retrouve le pigment qui unifiera votre teint. Comme la lumière en magasin n'est pas toujours idéale, regardez-vous sous diffé-

**TRUCS ET ASTUCES**

Pour gagner du temps, rien ne vous empêche de mélanger quelques gouttes de votre fond de teint à votre crème de jour. Quand votre bronzage vous aura abandonné, ce truc peut aussi servir à pâlir le reste de votre fond de teint d'été.

rents angles avant d'arrêter votre choix. Allez, un peu de courage! Vous ne le regretterez pas!

Et pour ce qui est de la texture, là aussi, vous avez le choix. Les fonds de teint se vendent en fluide, en mousse, en crème ou en poudre. Comment vous y retrouver? Pour vous aider à ce sujet, lisez les prochains paragraphes. Vous y verrez les avantages et désavantages de chaque texture de fond de teint.

## ● *Les fluides : au naturel*

Les fonds de teint dits «fluides» ont la texture d'une crème laitière à 10 %. Leur avantage majeur: ils colorent et unifient la peau du visage légèrement et discrètement, pour un effet naturel. Un peu comme les pots de peinture, ces fonds de teint offrent deux types de finition: satinée ou mate.

Si le satiné vous intéresse, allez voir du côté des fonds de teint fluides «hydratants». Ces fluides, qui conviennent à tous les types de peau, sont idéaux pour celles qui aiment un maquillage «au naturel».

Par contre, si vous avez des imperfections à cacher, ou si votre peau est plutôt grasse, tournez-vous vers les fonds de teint fluides au fini mat. Leur consis-

tance un peu plus épaisse camoufle davantage les petits défauts et contrôle l'excès de sébum.

## ● *Les mousses : faciles à appliquer*

Les fonds de teint « en mousse » sont appréciés parce qu'ils semblent fondre dès leur application. Ils disparaissent sous nos doigts tout en laissant au visage une finition naturelle d'aspect velouté. Cette texture à base de gel et de poudre aérée couvre de façon légère à moyenne. Elle convient à tous les types de peau, même les plus délicates.

## ● *Les crèmes et les poudres : impeccables*

Parce qu'ils sont plus épais et qu'ils couvrent mieux, les fonds de teint compacts (dans un contenant plat qui inclut souvent un miroir) sont un must pour les maquillages plus sophistiqués. Ils confèrent un teint parfaitement unifié et une finition impeccable, cachant efficacement toutes les imperfections.

Encore ici, il en existe deux types. Les fonds de teint compacts « en crème » nourrissent les peaux sèches ou déshydratées. Leur finition est satinée. Tandis que le fini velouté des fonds de teint compacts «poudrés» convient davantage aux peaux grasses. Les compacts poudrés présentent un avantage non négligeable: ils sont une espèce de deux en un, combinant fond de teint et poudre compacte, deux des quatre éléments de base d'un maquillage réussi. Ils sont donc tout indiqués pour les femmes pressées par le temps! On peut utiliser ce type de fond de teint sec (plus opaque) ou humide (plus léger).

## *Pour une tenue maximale*

Vous pouvez aider votre fond de teint à tenir le coup toute la journée. Après l'avoir appliqué, donnez à votre visage un petit coup de «poudre translucide» ou «poudre libre». Anciennement appelée poudre de riz, cette poudre incolore et très fine maximisera la tenue de votre fond de teint. Mais n'en mettez pas trop, vous risqueriez de faire ressortir vos rides et ridules. Si ça vous arrive, un jet de brume thermale éliminera cet effet indésirable en atténuant l'aspect poudreux du visage.

## VRAI OU FAUX?

### • Le fond de teint empêche la peau de respirer.

**FAUX** On le croyait beaucoup par le passé, et certaines personnes le croient encore. Mais le fond de teint n'a rien du plâtre de Paris! Ses ingrédients de pointe lui confèrent plutôt une légèreté comparable à celle d'un voile ou d'un soin de jour.

## ÉTAPE NUMÉRO 2:
# L'anticernes

Quel que soit votre âge, vous saurez que l'heure de l'anticernes a sonné lorsque la peau sous vos yeux aura une teinte différente de celle du reste de votre visage. Appliquez-le avec un pinceau ou en le tapotant délicatement du bout de l'annulaire.

## La bonne couleur

Règle générale, votre anticernes devrait être légèrement plus pâle que votre teint. Mais il se peut très bien que votre anticernes ne suffise pas à camoufler le résultat d'une nuit blanche à « faire le party », à compter les moutons ou à vous occuper de bébé qui fait ses dents.

Pour les cas extrêmes, quand vos cernes tirent sur le bleu marine, optez pour un anticernes plus jaune ou orangé que votre teint facial. Le jaune couvrira mieux le bleu ou le mauve que votre produit habituel.

## Les cache-misère

Il existe une panoplie de produits « correcteurs » conçus pour camoufler les imperfections du visage: cache-bouton, cache-rougeur, camoufleur de veines violacées ou de teint jaune. À l'exception de l'anticernes, tous ces cache-misère, comme on les désigne en France, si jamais le fond de teint ne suffit pas à couvrir, on appliquera alors le soin sous le fond de teint.

Leur effet correcteur n'est pas lié à leur opacité, mais bien à leur couleur. Un produit correcteur vert servira à camoufler les boutons et les marques rouges. Un soin correcteur mauve illuminera un visage au teint jaune. Tandis que des veines violacées paraîtront beaucoup moins sous un filtre jaune. On trou-

ve ces cache-misère dans les gammes de produits correcteurs. Regardez bien sur leur emballage pour repérer leurs fonctions respectives.

## *Comment les appliquer ?*

Les cache-misère s'appliquent tous à l'aide d'un pinceau correcteur, ou tout simplement avec les doigts. Réchauffez le produit entre vos doigts et déposez-le en tapotant l'endroit ciblé. Si vous préférez utiliser un pinceau, terminez le travail avec vos doigts pour éliminer les petits sillons laissés par les poils. Et allez-y doucement par la suite en appliquant votre fond de teint, pour ne pas déloger votre camouflage!

### $ QUESTION DE PRIX

Le prix des produits correcteurs variera selon la qualité de leur pigmentation et de leurs ingrédients. Certaines compagnies en offrent pour aussi peu que 6$, mais leur prix peut atteindre les 40$ le contenant. Déterminez bien votre besoin avant de dépenser.

### ÉTAPE NUMÉRO 3 :
## *La poudre compacte*

La poudre compacte est un complément aux fonds de teint fluides ou en crème. (Autrement dit, si vous utilisez un fond de teint en poudre, vous n'en avez pas besoin.) Elle aidera votre fond de teint à tenir toute la journée en lui donnant un aspect plus mat. La poudre camouflera également les légères imperfections du visage.

On choisit toujours la poudre un petit peu plus claire que le fond de teint, puisque celle-ci peut foncer au cours de la journée. Ainsi, pas de risque de mauvaise surprise !

### *Comment l'appliquer*

Comme les deux vont de pair, la couleur de votre poudre compacte doit s'harmoniser avec celle de votre fond de teint. Appliquez la poudre à l'aide d'un gros pinceau en partant du front. Donnez quelques coups de pinceau en descendant sur les joues pour finir sur le menton, et ce, de chaque côté de votre visage.

Les houppettes fournies dans les boîtiers de poudre compacte peuvent toujours servir, mais elles ont tendance à laisser leur marque sous forme de plaques. L'application au pinceau est généralement plus uniforme.

## Les démarcations

Un jour, Lise, qui a la peau claire, est arrivée avec un teint foncé, comme si elle venait de se faire bronzer. Le hic, c'est qu'il y avait une démarcation au niveau de son cou. Son fond de teint foncé paraissait beaucoup trop! Quand je le lui ai dit, elle m'a répondu qu'elle était fatiguée et avait besoin d'un peu de soleil sur le visage.

Je lui ai alors proposé de se démaquiller et de tout reprendre à zéro. Elle a donc appliqué un fond de teint assez clair. Je lui ai ensuite proposé d'ajouter une poudre compacte dite «bronzante», qui s'enlève au démaquillage (contrairement à une crème auto-bronzante). Et le tour était joué! Lise avait un teint plus foncé sans vilaine démarcation, et elle était ravie!

**TRUCS ET ASTUCES**

Depuis quelques années, la mode est aux lèvres pulpeuses et gourmandes. Quoi de mieux qu'un «gloss» pour avoir cet effet tant recherché. Offert dans les mêmes teintes que les rouges à lèvres, avec ou sans petites particules brillantes, on l'utilise seul ou sur notre rouge à lèvres habituel pour rehausser celui-ci.

### ÉTAPE NUMÉRO 4 :
## *Le fard à joues*

Le fard à joues, c'est la petite touche finale qui vous donne un air plus « santé ». Il s'applique en quelques coups de pinceau, des pommettes vers les oreilles. Sa couleur devrait s'harmoniser avec l'ensemble de votre maquillage, de façon à rendre le teint harmonieux et naturel !

## *Comment l'appliquer*

Bien des femmes se mettent trop de fard à joues. Elles croient bien faire en se donnant « des couleurs ». Mais comme pour le fond de teint, on sait qu'on a trop mis de fard à joues lorsqu'il détonne par rapport au reste de notre maquillage. L'ensemble doit toujours avoir une allure relativement naturelle et uniforme.

Pour éviter les excès, secouez doucement votre pinceau après l'avoir trempé dans votre fard à joues et avant de l'appliquer sur votre visage. Un pinceau gorgé de poudre risque de laisser des plaques de maquillage sur la peau. Si vous en avez

trop mis sur vos joues, retirez simplement l'excédent de fard en l'essuyant délicatement avec un mouchoir.

## *Les bons outils du maquillage*

Comme un peintre qui fait de magnifiques tableaux, nous avons également besoin de pinceaux pour l'application de nos produits de maquillage. Bref, je recommande des pinceaux en poils naturels pour leur longue durée de vie et pour un entretien facile. (On les nettoie avec une eau légèrement savonneuse, un nettoyant exprès ou tout simplement avec votre lotion tonifiante.) De plus, pour le visage, rien n'est comparable côté douceur!

Par contre, pour le fond de teint, le cache-cernes et le rouge à lèvres, un pinceau en poils synthétiques est recommandé. Comme ce sont des matières contenant des corps gras, le travail et le nettoyage seront mieux fait!

**TRUCS ET ASTUCES**

Le fard à joues doit prioritairement s'harmoniser avec nos vêtements, tout en gardant une allure naturelle. N'allez pas vous mettre une couleur qui ne vous va pas juste parce que c'est celle de votre blouse! Pour trouver une couleur qui vous convient, recherchez plutôt la nuance naturelle que prennent vos joues lorsque vous avez froid ou chaud, et ne vous en éloignez pas trop.

# Les ombres à paupières

Une ombre à paupières a le pouvoir d'éteindre ou d'illuminer le regard. Tout repose sur le choix des couleurs. En essayant les bonnes couleurs pour la première fois de leur vie, certaines femmes sont tout simplement renversées par la nouvelle profondeur de leur regard. Certaines s'exclament qu'elles ne se savaient pas aussi belles!

## Le choix des couleurs

Trouver les couleurs qui nous conviennent n'a rien de sorcier quand on sait s'y prendre. **Le cercle chromatique** ci-contre peut vous y aider.

Cherchez-y d'abord la couleur de vos yeux (le brun correspond à l'orangé). «Vos» couleurs d'ombres à paupières se trouvent à l'opposé, en ligne droite.

Par exemple, les femmes aux yeux bleus devraient opter pour des ombres à paupières orangées et cuivrées. Il y a de bonnes chances que ces couleurs illuminent leur regard.

Le bleu et le turquoise iront particulièrement bien aux femmes aux yeux bruns. Tandis que le prune ou le violacé intensifie le regard des femmes aux yeux verts.

## *En cas de doute...*

Le cercle chromatique est un bon point de départ. En magasin, vous trouverez bien sûr une foule de nuances supplémentaires. Si l'une d'entre elles vous tente, mais que vous n'êtes pas certaine qu'elle vous convienne, regardez sur son emballage.

Plusieurs fabricants d'ombres à paupières donnent des indications quant à l'harmonie et au mélange des couleurs ainsi qu'aux techniques d'application. Certains offrent même de petits guides. Ces explications conviennent autant aux non-initiées qu'aux habituées. Pas besoin d'être une pro pour se donner un regard d'enfer !

 **QUESTION DE PRIX**
Plusieurs compagnies offrent des compacts plus coûteux comprenant deux, trois ou quatre couleurs. Le hic, c'est qu'on finit souvent par n'en utiliser qu'une ou deux. Si c'est votre cas, achetez des

---

**TRUCS ET ASTUCES**

Les ombres à paupières en crème tiennent mal sur des paupières qui ont tendance à être grasses. Pour éviter que la couleur ne s'accumule dans les plis de votre paupière, étendez-y une fine couche d'anticernes avant d'appliquer l'ombre en crème. Cela pourrait fixer le produit et régler le problème.

compacts d'une seule couleur. Ils coûtent plus cher, mais contiennent une plus grande quantité de votre couleur préférée. Au bout du compte, vous serez gagnante.

Les ombres les moins chères ont tendance à être presque transparentes et à s'accumuler rapidement dans les plis ou les coins de l'œil. Mais elles peuvent très bien faire l'affaire !

## Le « eye-liner » en crayon ou liquide

Après le mascara et l'ombre à paupières, n'oubliez pas d'ajouter un peu de crayon pour les yeux ou de ligneur liquide (*eye-liner*) le long de votre paupière, pour intensifier votre regard. L'effet vaut le coup !

La couleur doit s'harmoniser avec celle de l'ombre à paupières. En ce domaine, le noir et le brun foncé font office de passe-partout. Mais n'hésitez pas à utiliser le bleu marine si votre ombre à paupières le permet. Le bleu a une façon unique d'éclairer le blanc des yeux.

## $ QUESTION DE PRIX

Un ligneur à 5 $ ou moins pourrait être quasi transparent à l'application et s'étendre mal. Cela dit, il n'est pas nécessaire de vous payer les plus chers à 45 $ pièce pour obtenir un peu d'opacité et de la qualité. Si vos yeux sont sensibles, tournez-vous vers des ombres à paupières et des crayons pour les yeux qui ont été testés « sous contrôle ophtalmologique ».

## *Le mascara*

Le mascara éclaire le regard et souligne l'impact de vos yeux. Il est essentiel dans un sac à main. Pour l'appliquer, trois coups de brosse par œil suffisent. Et quelle différence! La preuve: quand on oublie d'en mettre, les gens nous disent qu'on a l'air fatigué.

### *Les choix*

Les publicités de mascara qui nous montrent des cils s'allongeant de 200 % après un coup de brosse sont trompeuses. Les mannequins dans ces pubs portent des faux cils, et le terme « dramatisation » apparaît souvent, en tout petits caractères, au bas de l'écran.

> **TRUCS ET ASTUCES**
>
> À court de traceur liquide (*eye-liner*)? Plongez un pinceau fin dans de l'eau et ensuite dans votre ombre à paupières, puis tracez une ligne à la base des cils et le tour est joué. De plus, vous élargirez ainsi votre palette de couleurs.

Cela dit, le mascara peut bel et bien allonger ou épaissir vos cils sans les endommager.

Plusieurs autres choix s'offrent à vous : des brosses droites ou courbées, des poils en synthèse ou en polymère... N'ayez pas peur de faire des essais jusqu'à ce que vous tombiez sur une marque qui vous va bien et que vous trouvez facile à appliquer. Il n'y a malheureusement pas d'échantillons de mascara en magasin.

## Une durée limitée

Le mascara est probablement le produit de maquillage qui a la plus courte durée de vie. Que vous l'ayez payé 5 $, 10 $, 20 $ ou 30 $, vous devriez jeter votre mascara trois mois après sa première utilisation. Pourquoi ? Les coupables, ce sont les bactéries. En une journée, nos cils accumulent quantité de poussières, les empêchant ainsi de tomber dans nos yeux. Le hic, c'est que les brosses à mascara ramassent ces poussières et leurs bactéries, qui finissent ensemble dans le tube. Si vous utilisez votre mascara tous les jours, imaginez le party de bactéries après trois mois !

## *Les mascaras hydrofuges*

Si vous avez fait l'acquisition d'un mascara hydrofuge (à l'épreuve des larmes et de l'eau), ne soyez pas surprise si votre démaquillant à base d'eau ne l'enlève pas efficacement. Ce n'est que logique! Pour ce type de mascara, vous aurez besoin d'un démaquillant pour les yeux à base d'eau et d'huile. Sur les tablettes, ces derniers sont faciles à reconnaître. Ce sont la plupart du temps des liquides bleu pâle, dans des bouteilles translucides, avec une démarcation au milieu: celle de l'huile qui flotte sur l'eau.

### LE SAVIEZ-VOUS?

L'idée de noircir les cils des femmes nous vient du parfumeur français Eugène Rimmel. C'est dans la parfumerie de son père qu'il a créé le concept, baptisé «rimmel», en 1834. Le mascara dans sa forme moderne a été inventé en 1913. Il était composé d'un mélange de poussière de charbon et de vaseline. Il faudra attendre 40 ans de plus avant de pouvoir l'acheter dans son format actuel. Mais le mot rimmel est resté. Source: Wikipédia

## $ QUESTION DE PRIX

On peut payer jusqu'à 30$ pour un tube de mascara. Mais est-ce que ça en vaut la peine? Plus un mascara est cher, plus il contient d'ingrédients qui font davantage que décorer vos cils. Certaines vitamines, par exemple, assouplissent ces poils fragiles tout en prévenant leur perte. Si vous mettez du mascara tous les jours, vous pourriez regretter d'acheter des tubes à 5$, qui risquent de finir par endommager vos cils. Prévoyez plutôt un minimum de 10$ par contenant... et surveillez les soldes!

## *Les faux cils*

Les faux cils ont mauvaise réputation aux yeux de bien des femmes, qui les associent davantage à Mado Lamothe (célèbre travesti montréalais) qu'aux top modèles. Et pourtant... De plus en plus en demande ces temps-ci, les faux cils font un retour marqué sur le marché. Ils sont étonnamment faciles à appliquer, qu'ils soient discrets, chics ou carrément extravagants (comme ci-contre). Si vous n'en avez jamais essayé, vous seriez surprise du look qu'ils pourraient vous donner!

### *Les choix*

Certains sont très longs et fournis, mais d'autres sont courts et clairsemés. Il en existe aussi de petits morceaux que vous installez où vous en manquez, ou encore dans les coins

externes de vos paupières, de façon à intensifier votre regard. Certains faux cils, conçus pour les soirées chics, arborent même de petits brillants. Peu importe vos préférences, vous pouvez couper des faux cils trop longs pour vous, ou raccourcir une frange qui dépasse le coin de votre œil.

## Comment les mettre?

Installer des faux cils est simple, mais on doit savoir s'y prendre. Un peu de pratique est nécessaire pour parvenir à un résultat parfait à tous coups. Prévoyez du temps pour faire quelques essais avant d'étrenner à une soirée importante votre première paire de faux cils.

D'abord, ne les mettez pas à l'envers! Le coin interne des faux cils est d'ordinaire moins fourni et plus mince que le coin externe. Les faux cils se posent juste au-dessus de vos cils naturels, soit un ou deux millimètres plus haut. C'est d'ailleurs une bonne idée, surtout lorsqu'on en est à ses débuts, de tracer sur sa paupière un trait à l'aide d'un ligneur (eye-liner) de couleur foncée. Cela masquera l'espace entre les deux lignes de cils.

 **TRUCS ET ASTUCES**
En faisant votre achat de faux cils, vérifiez si la colle est fournie dans l'emballage. Si ce n'est pas le cas, vous devrez vous en procurer un tube séparément, pour environ 4 $.

159

Lorsque vous aurez coupé vos faux cils de la bonne longueur, enduisez légèrement toute leur base d'un peu de colle. En partant du coin interne de votre œil, déposez-les sur votre paupière, le plus près possible de vos cils naturels. En cas d'erreur, retirez-les rapidement et recommencez.

Il ne vous reste plus qu'à appliquer votre mascara sur vos deux paires de cils pour solidifier leur tenue et uniformiser leur ensemble. Admirez votre regard de star!

## $ QUESTION DE PRIX

Rien ne sert de dépenser 50$ pour des faux cils. Vous en trouverez de bonne qualité pour 5 $ à 20 $ dans les pharmacies et les magasins à grande surface. Méfiez-vous toutefois de ceux qui sont vendus 1 $ dans les magasins d'escomptes...

# Le rouge à lèvres

Le rouge à lèvres est probablement l'élément du maquillage qui a le plus d'effet sur votre allure.

## Son influence

Bien choisi et bien porté par des célébrités, ce bâtonnet gras a déjà démontré qu'il a le pouvoir de marquer l'imaginaire d'un peuple entier. On n'a qu'à penser au fameux rouge éclatant de Marilyn Monroe dans le film *Les hommes préfèrent les blondes* ou au rouge presque noir sur les lèvres du chanteur de rock métal Marilyn Manson.

Dans la vie de tous les jours, colorer sa bouche peut aussi devenir un message. La teinter de noir, aussi appelé du noir à lèvres, peut symboliser son appartenance à un groupe gothique ou son rejet des valeurs sociales.

Chez les jeunes filles, commencer à se mettre du rouge à lèvres symbolise l'entrée dans le monde adulte.

Enfin, au travail, un rouge à lèvres trop éclatant ou qui vous beurre les dents d'en avant, fera inévitablement jaser.

 **TRUCS ET ASTUCES**

Vous pouvez, pour vous dépanner, improviser un rouge à lèvres. Prenez un peu de fard à joues avec votre doigt et déposez-le sur vos lèvres. Ensuite, appliquez un peu d'hydratant afin d'assouplir le tout.

Bref, le rouge à lèvres est facile à remarquer. Et malheureusement, il passe rarement inaperçu lorsqu'il est mal choisi. Raison de plus pour s'y attarder.

## Le choix de sa couleur

Comme pour le fard à joues, la couleur de votre rouge à lèvres devrait s'harmoniser avec votre tenue du jour, sans trop s'éloigner des couleurs qui vous donnent un air naturel.

Mais il n'y a pas que la couleur qui compte ! Avant toute chose, déterminez si vous avez besoin d'un rouge hydratant ou de longue durée. Et cherchez ensuite une couleur qui convient dans l'une ou l'autre de ces catégories.

## La durée

Certains fabricants promettent que leurs rouges à lèvres resteront intacts durant des heures. Cela est vrai. La couleur de ces rouges, généralement plus opaques, ne change pratiquement pas. Si vous avez tendance à « manger » votre rouge à lèvres, ces bâtons de rouge qui colle plus longtemps aux lèvres sont peut-être pour vous... sauf si vos lèvres ont tendance à

sécher facilement. En effet, les rouges à lèvres de longue durée contiennent davantage d'alcool dénaturé que les autres. Cet ingrédient assèche les lèvres plus rapidement ou donne la sensation de les figer, parfois jusqu'à l'inconfort.

## *Le confort*

Les rouges à lèvres hydratants sont super confortables et laissent à vos lèvres toute leur souplesse. Certains sont même vitaminés. Le hic, c'est que la plupart ne tiennent pas en place bien longtemps. Ils se répandent sur nos dents, sur les joues qu'on embrasse, sur nos tasses de café...

Mais il y a de l'espoir! Vous trouverez en magasin ou en pharmacie un fixatif à rouge à lèvres. Ce liquide alcoolisé se vend dans des bouteilles semblables à celles des vernis à ongles. Il s'applique directement sur le rouge à l'aide d'un petit pinceau. Vous pourrez contrecarrer son effet asséchant avec une goutte de gloss, qui redonnera de la souplesse à vos lèvres.

# Le crayon à lèvres

Souvent négligé, le crayon à lèvres est pourtant très pratique. Il peut redessiner une bouche trop fine ou trop pulpeuse (oui, ça existe!) et faire tenir le rouge à lèvres plus longtemps, lorsqu'on l'applique comme base. Il peut aussi faire barrage lorsque votre rouge veut prendre la fuite dans les ridules au-dessus des lèvres. Sans compter qu'il mettra vos lèvres en valeur!

## Le choix de la couleur

Pour un effet naturel, la couleur de votre crayon « contour » doit être légèrement plus claire que celle de votre rouge. Par contre, pour un effet glamour, c'est le contraire : choisissez une teinte un peu plus foncée que celle de votre rouge.

Accompagné d'un rouge transparent ou d'un gloss, un crayon à lèvres d'une couleur identique à celle de votre teint pourra également servir à dessiner le contour de vos lèvres, même si elles sont dépourvues de couleur.

## *Comment l'appliquer?*

Si vous avez les lèvres trop fines, redessinez-les à l'aide d'un crayon contour en commençant par le centre. Débordez un peu de la limite de vos lèvres.

Si vous avez les lèvres trop épaisses, tracez une ligne de la couleur de votre fond de teint sur le contour de vos lèvres. Puis, repassez sur cette ligne avec votre crayon à lèvres de la couleur désirée.

Dans tous les cas, il est préférable d'appliquer le rouge à lèvres avec un pinceau. Ce dernier estompera la ligne du contour à lèvres, pour un look plus naturel.

## *Des lèvres brillantes*

La tendance est aux lèvres brillantes! Seul ou sur un rouge, le gloss est sur toutes les lèvres, de Hollywood à Montréal. Il donnera du relief à vos lèvres. Il faut toutefois en appliquer souvent, parce que les gloss ne tiennent pas longtemps.

**TRUCS ET ASTUCES**

Si vous n'avez pas le goût d'acheter toute une gamme de crayons pour les lèvres, un seul pourrait vous suffire en toutes circonstances. Il existe des crayons à lèvres... transparents! Ils sont aussi idéaux pour celles qui désirent bénéficier des avantages d'un crayon «contour», mais qui craignent de mal l'utiliser ou qui n'osent pas la couleur. Discrétion assurée!

# 9

## Les parfums

Certaines femmes se sentent « nues » sans leur parfum. Et pour cause. Un parfum nous enveloppe d'un manteau invisible de fleurs, de fruits ou de douces épices qui devient partie intégrante de notre féminité (pour les femmes) ou de notre sensualité (pour les hommes aussi!). Un nuage olfactif est une invitation chaleureuse, un message implicite de bonheur, de douceur et de bonne humeur. Il nous caractérise, nous identifie.

La senteur d'un parfum a une façon précise d'évoluer durant une journée. Vous en percevrez d'abord les senteurs d'agrumes (orange, citron, bergamote) dans les deux heures suivant la vaporisation. Ce sont elles qui détermineront souvent si vous aimez assez un parfum pour l'acheter.

Quant aux nuances florales (jasmin, muguet, violette, rose, magnolia), elles persisteront jusqu'à quatre heures après l'application.

D'autres ingrédients seront perceptibles, quoique faiblement, jusqu'à 24 heures après la vaporisation. Ce sont les « matières premières » d'un parfum. En voici quelques exemples: le musc, la mousse de chêne, le santal et l'absolu de rose.

# *Le bon choix*

Bien choisi, un parfum devient une signature raffinée. Mais mal choisi, il devient un cauchemar. Les effluves trop envahissantes vous coupent presque le souffle. Un après-rasage qui sent l'alcool à plein nez, une eau de toilette qui tient du décapant à tapisserie...

Bref, il faut savoir choisir ses fragrances, surtout au prix qu'elles coûtent! Et c'est d'autant plus compliqué qu'un parfum a une odeur différente d'une personne à l'autre. Ce chapitre vise à vous équiper contre les erreurs olfactives, pour que vous trouviez un parfum qui vous ressemble et qui fait tourner les têtes dans la bonne direction: vers vous.

## *Unique au monde*

Le sang, votre transpiration, le taux de gras et l'acidité de votre peau sont autant de facteurs qui déterminent l'odeur et la durée de vie d'un parfum sur vous.

Le pouls active les huiles essentielles du parfum sur certaines régions de votre corps: la nuque, le derrière des oreilles, l'intérieur des poignets et même le

**?**

*LE SAVIEZ-VOUS?*
Aux changements de saison, on est porté à changer de parfum. On optera pour un parfum plus soutenu en période hivernale et un plus léger, même fruité, en saison estivale. Cela va avec l'humeur.

derrière des genoux. Voilà pourquoi c'est une bonne idée d'en mettre à ces endroits.

Toutefois, une transpiration abondante entraînera une évaporation plus rapide de votre parfum. Et celui-ci tiendra moins bien sur une peau sèche que sur une peau grasse. Mais c'est avant tout l'acidité de votre peau, soit son pH, qui en déterminera l'odeur finale.

La bonne nouvelle dans tout ça : en se mêlant à votre peau, votre parfum aura une fragrance unique au monde ! Votre peau le personnalisera.

## *L'achat*

Un parfum, ça ne se trouve pas en deux temps, trois mouvements. À moins d'avoir beaucoup de chance. Et surtout, il faut faire des essais. L'eau de toilette qui sent divinement bon sur la peau de votre meilleure amie pourrait ne pas vous aller du tout. Oubliez les jeudis soir de cohue, quand l'épicerie, le lavage et les enfants vous attendent. Un parfum, ça se magasine plutôt comme on fait du yoga : quand on est calme et que l'on a du temps.

## *Un coup de cœur*

Oubliez les modes ou les publicités. Vous seul êtes apte à déterminer quelle odeur vous convient. Comment y arriver? D'abord, faites-vous confiance. Oubliez les échantillons en papier ou les coups de nez rapide sur le vaporisateur d'une bouteille de parfum.

Tendez plutôt le poignet! Oui, osez le faire! Parce que pour connaître l'effet d'un parfum, rien ne vaut la collaboration de votre peau et de votre nez. Vaporisez l'eau ou le parfum qui vous tente à l'intérieur de votre poignet, sans frotter. Ne le sentez pas tout de suite: attendez de 5 à 10 minutes. C'est le temps requis pour que le parfum « s'installe » sur vous, mélangeant son odeur à la vôtre.

Avant d'acheter, attendez d'avoir un véritable coup de cœur. C'est la meilleure garantie de satisfaction.

## *Un parfum en plusieurs formules*

Une fois que vous aurez l'odeur que vous aimez bien « en nez », vous devrez encore faire un choix avant de passer à la caisse: celui de sa formule. Un même parfum peut se décliner en crèmes, laits, eaux, extraits et autres produits. La même fragrance y sera plus ou moins intense. L'extrait de parfum sent-il trop fort? Le lait, plus doux, vous conviendra peut-être davantage.

## Les fragrances pour elle et lui

Voici les principales familles de fragrances que vous trouverez en magasin. Cela vous sauvera peut-être du temps en vous donnant une meilleure idée de ce qui vous plairait! (Source de cette liste: Wikipédia)

### ● Les floraux

Un classique. Ils évoquent une ou plusieurs fleurs. Certains d'entre eux sont combinés à des odeurs de fruits (les floraux fruités), de boisés (les floraux boisés) ou de plantes (les floraux verts).

### ● Les boisés

Ils sont élaborés de parfum de cèdre, de santal, de patchouli... Les hommes en sont particulièrement amateurs.

### ● Les orientaux

Leurs extraits de vanille, d'épices et de fleurs conviennent souvent autant aux hommes qu'aux femmes.

## ● *Les fougères*

Typiquement masculines, ces senteurs rafraîchissantes mélangent la lavande, le géranium et la mousse de chêne, par exemple.

## ● *Les agrumes*

Les hespéridés (leur nom scientifique) sont à base de zeste de citron, de mandarine, d'orange ou de pamplemousse. Ils constituent, entre autres, la base des eaux de Cologne.

## ● *Les cuirs*

Comme leur nom l'indique, ces parfums reproduisent l'odeur du cuir tanné. Plus rares, ils sont toutefois portés autant par des hommes que par des femmes.

## VRAI OU FAUX?

### ● *Un parfum peut causer des maux de tête ou de cœur.*

**VRAI** Un parfum, surtout si on le porte pour la première fois, peut être la cause de maux de tête ou de cœur. Si ça vous arrive, n'insistez pas: il ne vous convient tout simplement pas.

**LE SAVIEZ-VOUS?**
Un parfum d'homme peut très bien vous convenir, si vous en appréciez l'odeur.

## QUESTION DE PRIX

Question quiz: Qu'est-ce qui détermine, selon vous, le prix d'une fragrance ? Réponse: C'est le pourcentage d'huiles essentielles pures et la qualité des ingrédients premiers de sa composition. Ce sont ces extraits de végétaux qui coûtent cher. Plus leur concentration est élevée, plus le liquide parfumé sera cher, mais aussi, plus il sera odorant et durable!

## *Les extraits de parfum*

Composés de 15 % à 30 % d'huiles essentielles, les extraits de parfum arrivent au sommet de la pyramide des prix. On peut les payer 100 $, 200 $ ou 300 $ (rare au Québec) la bouteille (d'environ 7 ml), selon les marques. Leur odeur persistera de quatre à huit heures.

## *Les « eaux »*
## *de parfum*

Suivent les très populaires « eaux », dites « eaux de toilette » ou « eaux de parfum »,

contenant de 8 % à 20 % d'huiles essentielles. On peut généralement se les procurer pour moins de 100$ (de 20$ à 120$ selon leur concentration et leur quantité). Leur senteur durera jusqu'à six heures.

Les «eaux» comportent une sous-catégorie de produits moins performants, composée des «eaux de fraîcheur» et des «eaux légères». Ces dernières coûtent moins cher, mais sont difficiles à percevoir trois heures après leur application.

## *Les bas de gamme*

Et finalement, à la base de la pyramide de prix, on trouve les voiles, laits, crèmes et produits de bain, avec 1 % à 8 % d'huiles essentielles. Ils vous coûteront aussi peu que 10$ à 65$ le contenant. Leur senteur durera entre une et trois heures après leur application.

| *Produit* | *Prix* | *Durée* | *Taux d'huiles essentielles* |
|---|---|---|---|
| **Extraits de parfums** | De 100$ à 300$ (et plus) | De 4 à 8 heures | De 15 % à 30 % |
| **Eaux** | De 30$ à 120$ | De 2 à 6 heures | De 8 % à 20 % |
| **Voiles, laits, crèmes** | De 10$ à 65$ | De 1 à 3 heures | De 1 % à 8 % |

**Note:** Ces données sont approximatives.

175

## *Comment l'appliquer*

Comment savoir si on se met trop de parfum? Certaines personnes préféreront s'en passer plutôt que de prendre le risque d'embaumer sans le savoir tout le bureau. Qui n'a pas déjà ri ou entendu rire d'une personne dont le parfum était... disons... un peu trop envahissant?

Pour éviter d'être l'objet de ce scénario désagréable, limitez l'application de votre parfum à deux courts jets: un premier sur votre poignet et un deuxième sur votre nuque. Et ne le frottez pas! Tapotez vos deux poignets ensemble deux ou trois fois. Et voilà! La quantité sera suffisante pour dégager une bonne senteur toute la journée sans incommoder qui que ce soit.

**LE SAVIEZ-VOUS**

Il se peut qu'une fragrance que vous portez depuis des années ne vous convienne plus presque du jour au lendemain. Cela peut arriver durant une grossesse, la ménopause ou tout autre changement hormonal. C'est normal. Mettez votre parfum de côté et réessayez-le plus tard, quand vos hormones auront retrouvé leur état « normal ».

## VRAI OU FAUX?

**• Lorsqu'on ne sent pas le parfum que l'on porte, c'est qu'on n'en a pas mis assez.**

**FAUX.** Certains ne sentent pas leur propre fragrance et ont alors tendance à s'en mettre trop. Ne pas sentir notre parfum peut signifier que notre nez s'y est habitué au point de ne plus le détecter (au même titre qu'on ne sent pas l'odeur de sa demeure parce qu'on y vit, mais les autres vont la percevoir). L'odorat est un sens qui s'adapte, pour le meilleur... et pour le pire.

# La conservation

Il y a trois ans, Brigitte a acheté une eau de toilette d'une marque renommée. Le parfum, comme tant d'autres, se vendait dans une bouteille en verre, coiffée d'un vaporisateur.

Or, au fil des mois, elle a remarqué que la bouteille, rangée sur le comptoir de sa salle de bain, se vidait d'elle-même. Le niveau de son précieux liquide baissait sans qu'elle l'ait utilisé! Croyant son vaporisateur défectueux, elle m'a demandé si c'était un truc de fabricant pour forcer les consommatrices à

**TRUCS ET ASTUCES**

Les laits pour le corps n'ont pas leur pareil pour maximiser la tenue d'un parfum, pourvu qu'ils soient de la même marque et de la même collection! S'enduire avec un lait pour le corps avant de mettre son parfum optimisera la durée de vie quotidienne de ce dernier.

177

acheter du parfum plus souvent. Eh bien, non. Les écarts de températures et l'humidité d'une salle de bain peuvent contribuer à l'évaporation prématurée d'un parfum ainsi qu'à son changement d'odeur et de couleur.

Une fragrance se conserve plus longtemps dans la chambre à coucher, dans son emballage d'origine, à l'abri de la lumière.

## Attention au soleil!

Se parfumer avant d'aller se faire bronzer est une très mauvaise idée. S'il est exposé au soleil, le mélange d'huiles essentielles et d'alcool qui compose un parfum peut causer des taches pigmentaires brunâtres sur votre peau. Dans ces circonstances, remplacez votre parfum ou votre eau de toilette par une « eau de fraîcheur » ou tout simplement par de la crème pour le corps.

**LE SAVIEZ-VOUS ?**

Notre peau fera tourner un parfum différemment au gré des saisons. L'été étant plus humide, notre peau gardera l'odeur un peu plus longtemps, tandis que l'hiver, la peau, étant plus sèche, aura besoin d'un surplus d'hydratation afin de conserver l'effluve plus de deux heures.

# Lexique des ingrédients populaires en cosmétique

**Acides aminés :** Responsables du métabolisme cellulaire, ces acides fixent bien l'eau et participent ainsi à l'hydratation cutanée.

**Acides de fruits :** AHA (voir ce mot) extraits de fruits, ils activent la desquamation, agissent sur l'éclat du teint et sur l'hydratation de l'épiderme. Ils ont aussi un effet tenseur sur la peau.

**Acide citrique :** On l'utilise pour moduler le pH des préparations. Anti-oxydant, il est très peu irritant et aide la peau à retenir son eau.

**Acide ascorbique :** Nom scientifique de la vitamine C.

**Acide glycolique :** Lui aussi un AHA, il affine l'épiderme, lisse les ridules et tend légèrement la peau.

**Acide hyaluronique :** Aide à l'hydratation de la peau puisqu'il peut retenir jusqu'à mille fois son poids en eau. Donne à la peau beaucoup d'élasticité. Biodégradable et non allergène, il lisse également les rides profondes.

**Acide lactique :** AHA reconnu pour son effet hydratant sur la couche cornée et son action exfoliante.

**AHA :** Les Acides Alpha-Hydroxylés sont des substances extraites de certains fruits, du lait ou de la canne à sucre, Ces substances aident, entre autres, à la régénération de la peau et au renouvellement cellulaire.

**Acide salicylique :** (BHA) un acide synthétisé par certains fruits. Aide au renouvellement cellulaire et à la retenir l'eau dans l'épiderme. Contrairement aux AHA, cet acide est peu irritant. C'est un antiseptique et un conservateur utilisé dans les soins de l'acné, des pellicules et dans les peelings.

**Acides gras :** Principal constituant des lipides. Extraits du gras végétal ou animal mais jamais des huiles minérales.

**Acides gras essentiels :** Sorte d'acides gras non synthétisés par l'organisme. Améliorent la capacité de la peau à s'hydrater. La vitamine F en fait partie.

**Alcool :** En cosmétique, on utilise des alcools naturels issus de la fermentation du glucose. On s'en sert comme agent conservateur et antiseptique.

**Algues (algea) :** Il y a en une multitude de sortes. Toutes contiennent de l'iode, des oligo-éléments, des sels minéraux (fer, magnésium, cuivre, potasse ...), des vitamines (A, C, B1, B12, D, E, F, ...), des protéines et des glucides. Elles affermissent la peau, sont très nourrissantes et anti-oxydantes. Elles n'ont rien à voir avec les algues bleues de nos lacs qui constituent une pollution... Il s'agit d'algues spécifiquement cultivées pour usage cosmétique.

**Allantoïne :** Extrait de plante, cette substance douce offre une propriété cicatrisante.

**Aloès Vera :** la plante a des propriétés calmantes et cicatrisantes. Elle lutte également contre le vieillissement de la peau.

**Amande (huile d') :** une des plus douces et des meilleures huiles qui soient. Émolliente, elle lisse et nourrit la peau. Elle pénètre rapidement et facilement dans les couches supérieures de la peau et lutte contre le dessèchement. Effet anti-inflammatoire.

**Antioxydants :** Substance qui protège la peau des ravages produits par les radicaux libres, responsables des rides. Plusieurs soins cosmétiques en contiennent. On peut aussi les prendre en comprimés. Pour n'en nommer que quelques-uns : les vitamines C et E, les polyphénols de raisins, la coenzyme Q10 ...

**Antipollution :** Effet de certain produit qui protègent la peau contre les facteurs polluants.

**Antiradicaux libres :** (voir antioxydants)

**Argan :** Fruit de l'arganier, un arbre du sud-ouest marocain dont on extrait une huile qui contient des acides gras, des antiradicaux libres et de la provitamine A. .

**Argiles :** très fines particules de roches sédimentaires aussi appelées kaolin ou bentonite ... de couleur verte, rouge, brune, jaune ou blanche, elles servent depuis des millénaires en médication ou entrent dans la préparation des soins de beauté. Très puissants antiseptiques, elles aident à tuer les bactéries, calmer les infections, assainir les plaies et favorisent la cicatrisation.

**Avocat (huile d'):** L'huile d'avocat, fruit de l'avocatier est riche en acide gras, vitamines (A, D, E...), oligo-éléments... cette huile très douce et proche du sébum humain est calmante adoucissante et cicatrisante.

**Bambou :** Le bambou est une plante cannelée pouvant atteindre 10 mètres de hauteur. Depuis l'arrivée des soins Bio sur le marché, on le retrouve de plus en plus dans les listes d'ingrédients de soins cosmétiques. On le trouve aussi sous forme de granules exfoliantes dans certains de ces produits.

**Bardane :** Plante de clairières des régions tempérées. La bardane est traditionnellement utilisée pour l'hygiène de la peau. Sa racine très allongée est riche en polyènes et en acides alcools. La bardane a une action dépurative sur la peau (action draînante).

**Bêta carotène :** Le bêta carotène est traditionnellement utilisé comme un antioxydant car il contribue à détruire les radicaux libres avant qu'ils n'attaquent les cellules. Il est (avec la vitamine E) l'antioxydant le plus efficace au niveau de la peau... Il faut 10 kg de carottes et 8 kg de luzerne pour obtenir 1 g de bêta carotène pur.

**BHA :** signifie Butylated HydroxyAnisole (hydroxyanisole butylé). Puissant antioxydant synthétique, controversé.

**Beurre de cacao :** Extrait des fèves de cacao, cette matière grasse est souvent utilisée comme base de crème pour peaux sèches et sensibles. C'est une graisse neutre, sans danger, qui est aussi utilisée dans les rouges à lèvres.

**Beurre de karité :** Extrait des noix de l'arbre de karité, il est riche en acides gras essentiels et en vitamines A, E et F. On le retrouve dans les soins corps et visage. Très hydratants, il entre aussi dans divers produits capillaires.

**Bourrache (huile de) :** la bourrache est une plante répandue en Europe Centrale et Méridionale. L'huile de bourrache contient deux acides gras essentiels polyinsaturés. Elle rend l'épiderme souple et résistant, et améliore l'état des ongles et cheveux cassants.

**Caféine :** Ingrédient extrait du caféier et qui aide à décongestionner les tissus. On la retrouve dans certains soins anticellulite et oculaires.

**Calcium :** On connaît ce minéral pour son importance vitale dans la formation des os et des dents mais, mais il est également nécessaire pour le bon fonctionnement de tout notre métabolisme car il joue un rôle dans une saine fonction musculaire et nerveuse. Il se retrouve donc depuis peu dans certains cosmétiques afin d'améliorer le tonus de la peau vieillissante.

**Camomille :** C'est une des plantes les plus anciennes et les plus connues dans les domaines médical et cosmétique. On en extrait l'huile d'azulène qui entre dans la préparation de crèmes ou de lotions adoucissantes et apaisantes.

**Céramides :** Corps gras naturellement présents dans les couches épidermiques; ceux incorporés dans les soins cosmétiques sont synthétiques et portent le nom de Xéramides ou sont répertoriés sous forme de chiffres selon la compagnie qui les utilisent. D'origine biologique ou végétale, ils s'appellent sphingolipides.

**Cire d'abeille :** Elle fait partie des excipients gras qui servent à incorporer et à véhiculer les principes actifs des autres substances utilisées dans un soin.

**Collagène :** Protéine présente dans le tissu conjonctif de la peau. Les mouvements répétés du visage et le vieillissement réduisent progressivement le taux de collagène.

**Dioxyde de titane :** Écran physique présent dans les fonds de teints et les protections solaires. Il réfléchit les rayons lumineux responsable du vieillissement de la peau.

**Eau (H2O) :** Élément le plus abondant du corps humain, l'eau représente de 60 à 70 % du poids corporel d'un individu et compose à 70 % la peau.

En cosmétologie, elle est, une fois purifiée, la matière première la plus utilisée.

**Eau thermale :** Eau de source chargée de minéraux aux propriétés thérapeutiques reconnues par l'Académie Nationale de Médecine.

**Filtres solaires :** Produits chimiques faisant office de filtres c'est-à-dire qu'ils font barrage aux rayons ultraviolets nocifs et protègent la peau. Il y en a deux sortes : les premiers absorbent seulement une partie des rayons du soleil ... (protection chimique). Les deuxièmes reflètent complètement la lumière... (protection physique).

**Flavonoïdes :** Principes actifs piégeurs des radicaux libres. Elles possèdent des propriétés apaisantes et améliorent la microcirculation cutanée. On en retrouve dans les agrumes et plusieurs plantes médicinales tels le gingko biloba et le mimosa tennuiflora.

**Formaldéhydes :** Conservateurs d'origine chimique fortement allergènes présents dans certain soins durcisseurs d'ongles. Leur taux ne doit pas dépasser 5 %.

**Gelée royale :** Substance sécrétée par les abeilles ouvrières pour nourrir la reine, elle est constituée de quelques 20 acides aminés, de sels minéraux – potassium, calcium, fer, manganèse, zinc –, de vitamines – B1, B5, A, C, D, E – ... pour ne citer que les composants essentiels.

**Gingko biloba :** Plante dont les flavonoïdes contenus dans les feuilles sont antioxydants. En cosmétique, on l'utilise pour améliorer la microcirculation et la tonicité cutanée.

**Ginseng :** Plante cultivée pour sa racine, contient des saponosides, des acides aminés et des oligo-éléments. .

**Glycérine :** Actif naturel issu d'huiles végétales, elle empêche l'évaporation de l'eau contenue dans les cellules.

**Glycérol :** Actif dérivé de la glycérine qui sert à hydrater les couches supérieures de l'épiderme.

**Glycol :** Alcool de synthèse utilisé pour dissoudre les essences et les colorants, et qui évite la formation de moisissures. On l'emploi donc comme conservateur.

**Guarana :** Plante originaire du Brésil riche en caféine.

**Hamamélis (eau d') :** Extraite des feuilles fraîches, de l'écorce et des rameaux de l'hamamélis, un arbre indigène d'Amérique du Nord, elle est très appréciée en cosmétologie pour ses propriétés astringentes.

**Huile de macadamia :** Riche en acide palmitoléique, elle protège les cellules et active la microcirculation sanguine et lymphatique. Elle est très nourrissante, assouplissante, apaisante et hydratante.

**Huiles minérales :** Dérivées du pétrole et composées de chaînes d'hydrocarbures qui ne peuvent être métabolisées par l'organisme. Elles sont censées posséder des propriétés protectrices. Mais l'OMS (Organisation mondiale de la santé) a prouvé que ces huiles entravent la respiration naturelle de la peau.

**Huile de pépins de raisins :** Riche en acides gras essentiels, elle est reconnue pour son effet positif sur la barrière protectrice cutanée et pour ses vertus anti-oxydantes.

**Huile de silicone :** Entièrement synthétique, elle est utilisée dans plusieurs soins. Très douce, elle est préférable aux huiles minérales.

**Huiles essentielles :** Quintessence de la plante, de la racine, du fruit ou de la fleur, elles renferment divers principes actifs. Certaines d'entres elles peuvent être photosensibilisantes.

**Huiles végétales :** Corps gras riches en acide

gras insaturés, on les extraits des noix, des fruits ou des graines. Elles contiennent d'excellents agents actifs qui gardent la peau lisse et stimulent la formation du film hydrolipidique.

**Hyaluronate de sodium :** Hydratant dérivé de l'acide hyaluronique.

**Hydroquinone :** Substance que l'on retrouve dans certains soins qui ont pour but d'atténuer les tâches pigmentaires.

**Jojoba (huile de) :** Extraite de la fève d'un arbuste du désert, cette huile est célèbre pour ses vertus assouplissantes et antidéshydratantes.

**Kaolin :** Argile ou silicate d'alumine d'origine minérale utilisé dans la préparation de masques absorbants. Entre aussi dans la composition des poudres absorbantes. Aide à régulariser les peaux grasses.

**Kératine :** Protéine fibreuse riche en acides aminés. Composante de nos cellules ongles, poils et, surtout, de nos cheveux.

**Lanoline :** Extraite de la laine de moutons, cette substance grasse contient les mêmes acides gras que la peau. Émolliente et adoucissante, elle pénètre très bien l'épiderme et entre dans la composition de plusieurs soins cosmétiques.

**Lavande :** De la Rome antique à aujourd'hui, la lavande entre dans la confection de nombreuses lotions, laits, bains, savons et fragrances. Au niveau de l'épiderme, elle joue un rôle astringent et antibactérien.

**Lécithine :** Graisse complexe présente dans un grand nombre de tissus animaux et végétaux. On la retrouve notamment dans les graines de soja et les jaunes d'œufs. Riche en vitamine B, elle est un excellent antioxydant et un émollient naturel.

**Lierre grimpant:** Les propriétés décongestionnantes du lierre grimpant sont exploitées en cosmétologie. Cette plante est régulièrement utilisée dans la composition des soins amincissants pour ses bienfaits drainants.

**Liposomes :** Sphères microscopiques dont la structure moléculaire est identique à celle de nos membranes cellulaires. Leur structure particulière permet d'y intégrer des principes actifs. On s'en sert comme transporteur d'agents thérapeutiques.

**Lycopène :** Antioxydant naturel largement présent dans la tomate. On en retrouve aussi en plus faible quantité dans le pamplemousse rose, l'abricot, la papaye, la pastèque et la goyave. Le lycopène possède de réelles propriétés antivieillissement.

**Magnésium :** Le magnésium fait partie de la famille des minéraux. Il agit sur le système nerveux et cardiovasculaire. Les aliments qui en sont riches sont le cacao, les légumes secs, les fruits oléagineux, soja et céréales.

**Manganèse :** C'est un oligo-élément qui se trouve dans les céréales complètes, les germes de blé et de riz, les légumes, le miel (surtout le miel brun), le pollen, les noix, le jus d'avoine et les fruits séchés, bref en général partout où il y a du fer.

**Marron d'Inde (écorce de) :** Plante qui augmente la résistance des capillaires sanguins et diminue leur perméabilité membranaire. La présence de flavonoïdes dans sa composition complète l'action de l'esculoside par des actions anti-inflammatoires et vasoconstrictrices, intéressantes pour soulager les douleurs des crises hémorroïdaires. Ces flavonoïdes permettent une amélioration de la circulation lymphatique.

**Menthe :** En plus de ses propriétés digestives lorsque ingérée en tisane, la menthe sert en cosmétologie pour ses actions purifiante et assainissante.

**Menthe poivrée :** son menthol est une substance de base à la fois émolliente et tonifiante que l'on emploie surtout des les soins pour les pieds et pour délasser les jambes lourdes. Comme sa production n'arrive plus à satisfaire la demande, elle est souvent remplacée par un menthol synthétique.

**Mexoryl SX ou XL :** Filtre solaire qui permet un blocage renforcé des rayons UVA courts responsables du vieillissement cutané et des intolérances solaires.

**Mica :** Dérivé du mica muscovite, approuvé pour l'utilisation cosmétique. Donne des reflets nacrés et scintillants.

**Oligo-éléments :** Éléments minéraux présents dans l'organisme en très faible quantité, mais dont la présence est indispensable à la croissance et à la vie. Il y a le chrome, le cuivre, le sélénium, le soufre, Le manganèse, le magnésium, le silicium, le zinc, le fluor ...

**Omega (3 et 6):** Ce sont des composantes structurales vitales de la membrane cellulaire, indispensables au bon fonctionnement des cellules.

**Onagre (huile d') :** Extraite de la graine de la plante, l'huile, riche en acides gras essentiels (acide linoléique et acides linolénique), en renforçant la barrière protectrice de la peau, limite sa perte en eau et améliore souplesse et hydratation.

**Oxyde de titane :** Poudre blanche opacifiante d'origine minérale qui est souvent utilisée pour la formulation des produits de maquillage et de soins solaires.

**Oxyde de zinc :** Poudre blanche d'origine minérale, absorbante, antiseptique et adoucissante utilisée dans la formulation de fonds de teints, poudres, déodorants, soins de protection solaire, vernis à ongles et fard à joues.

**Oxygène :** Stabilisée depuis peu dans les soins de peau, l'oxygène favorise la pénétration des principes actifs pour des actions à la fois antirides, coup d'éclat et hydratants.

**Parabènes :** Conservateurs controversés, contenu dans multiples cosmétiques.

**Peptides :** Ils sont la nouvelle arme dans la lutte contre le vieillissement de la peau et les derniers-nés de la cosméceutique, il y en a une multitude de sortes sur le marché ... On les surnomme Botox-like à cause de leurs effets rapides de lissage des ridules.

**Plancton :** Micro-organismes présents dans les eaux thermales et la mer. Très riche en oligo-éléments.

**Polyphénols :** Substances présentes dans les fruits et légumes, qui présentent un puissant pouvoir antioxydant.

**Propylène glycol :** Substance incolore et visqueuse ayant des propriétés humectantes. Peut être irritante pour la peau.

**Protéines :** Constituants de base de toute cellule.

**Protéines de soie :** Substance active obtenue par hydrolyse alcaline de la fibre de ver à soie.

**Protides :** Comprenant des acides aminés, des protéines, des enzymes et des hormones, elles représentent 27.5 % des constituants chimiques de la peau.

**Proxylane :** C'est un extrait du bois de hêtre, il est bio-dégradable, non éco-toxique, issu de la Chimie Verte. C'est un actif bio-mimétique: il reproduit les mécanismes biologiques naturels de la peau pour stimuler ses fonctions.

**Q 10 Co-enzyme :** Indispensable au bon déroulement de certaines réactions biochimiques des cellules, elle est présente dans notre organisme en infime quantité.

**Radicaux libres :** Molécules toxiques qui détériorent les tissus, s'attaquent au noyau des cellules, aux fibres de collagène et d'élastine perturbant ainsi leur bon fonctionnement. Outre le vieillissement de la peau... plusieurs autres parties de notre organisme peuvent en être affectées.

**Rétinol :** Nom chimique de la vitamine A.

**Syndets :** Ce sont des faux savons en pain ou en gel, constitués de tensioactifs très doux capables de nettoyer la peau sans l'irriter.

**Thé vert :** Plante au très grand pouvoir antioxydant, et aux vertus hydratantes, traitantes et réparatrices.

**Titane :** Poudre neutre d'origine minérale, légèrement astringente et blanchissante, qui n'irrite pas la peau.

**Tyrosine :** À l'état naturel, il joue un rôle de précurseur dans la synthèse de la mélanine.

**Vitamines :** Substances indispensables au bon fonctionnement de l'organisme. Elles protègent les membranes cellulaires, renforcent la résistance de l'organisme et repoussent le vieillissement cutané ...

**A :** (acide) Diminue les taches pigmentaires, estompe les rides et offre une légère exfoliation.

**B :** Il y a en plusieurs... B2, B3, B5, B6, B8, B9, B11, B15, beaucoup sont utilisées en soins capillaires.

**C :** (acide ascorbique) Agent actif anti-oxydant qui retient l'humidité de la peau et l'aide à retrouver son éclat.

**E :** (tocophérol) La plus utilisée dans les antiradicalaires, elle a prouvé qu'elle pouvait pénétrer la couche de l'épiderme.

**F :** (acide linoléique) Aide à combattre la sécheresse cutanée.

**H :** (biotine) Aide à combattre la chute des cheveux.

**PP :** (niacine) Agit en renforçant la paroi des capillaires sanguins.

**Zinc :** Oligo-élément nécessaire à toutes les cellules du corps pour se développer. Équilibre le pH de la peau, et à multiples autres propriétés.

# Bibliographie

www.francaise-bio-energrtique.com
www.dermaweb.com
www.adq.org/dermatologie.html
www.hc-sc.gc.ca
http://fr.wikipedia.org
http://cosmeticsinfo.org
http://ekopedia.org

# Table des matières

**ranscontinental**
IMPRESSION

**IMPRIMÉ AU CANADA**